MANUAL DE *Oración*

Escrito por Sue Lindsay

LIBERTAD EN CRISTO

Publicado e impreso en español por Libertad en Cristo Internacional con el permiso de
Freedom in Christ Ministries UK
4 Beacontree Plaza,
Gillette Way,
Reading Berks, United Kingdom
RG2 0BS

Traducción y edición: Nancy Maldonado Araque y Luz Myriam Scarpeta
Revisión: Miguel Montes, María Alejandra Ortega Ramírez y Robert Reed
Maquetación: Jemima Taltavull

ISBN: 978-1-913082-79-6

MANUAL DE ORACIÓN DE LIBERTAD EN CRISTO PARA QUIENES DIRIGEN NUESTROS CURSOS

«La oración no nos capacita para las obras mayores. Orar es la mayor obra». Oswald Chambers

Anhelamos que este Manual de Oración sea de bendición para ti y para tu equipo, y que Dios lo use para su gloria en tu ministerio mientras la novia de Cristo se prepara para su regreso. ¡Amén!

LOS FUNDAMENTOS

Creemos que la oración es fundamental en el ministerio y esencial en todo lo que somos y hacemos. Intentamos que todo esté «fundado, cimentado y rodeado de oración». Incluso cuando ayudamos a las personas a encontrar su libertad en Cristo, la oración es el punto de partida. Necesitamos captar cuán importante es la oración y cuánto nos hace falta buscar el rostro de Cristo al ministrar para él. El trabajo de la oración necesita preceder y sostener cada curso de Libertad en Cristo en cualquier iglesia. No fuimos creados para vivir o dirigir nuestro ministerio independientemente de Dios. Nuestro mejor modelo, Jesús, no usó el tiempo que le sobraba para dedicarse a la oración en su vida y ministerio - sus amistades y ministerio eran el resultado de su tiempo de oración.

LA BATALLA

Necesitamos ejercitar el arma de la oración porque estamos en una batalla espiritual. En nuestra batalla en especial queremos ver vidas liberadas y fructíferas. De hecho, la oración puede ser una batalla en sí misma, ¡y tenemos que estar alerta a las distracciones! No podemos simplemente pasarla por alto y a menudo es un trabajo arduo y una lucha, pero podemos perseverar. Requiere tiempo, concentración y una paciencia infinita. Pero vale la pena. Es de mucho provecho crear un hábito de oración. Empieza donde estés, empieza poco a poco, únete a otros.

LA CAJA DE HERRAMIENTAS

Un buen trabajador tiene una caja llena de diferentes herramientas para poder realizar una amplia gama de tareas. Así que esperamos que este Manual de Oración sea como una caja de herramientas a la que puedas echar mano al prepararte para utilizar cualquiera de nuestros cursos. Puedes utilizar las diferentes oraciones e intercesiones según te guíe el Espíritu: «Oren en el Espíritu en todo momento, con peticiones y ruegos. Manténganse alerta y perseveren en oración por todos los santos» (Efesios 6:18 NVI).

Para ayudarte a compartir con tu equipo la sección Orar por tu Curso, las páginas 11-38 están disponibles como PDF descargables para que las puedas imprimir. Visita https://www.libertadencristo.org/recursos-gratuitos.

EL PUNTO DE PARTIDA

Para que los cursos de Libertad en Cristo que lideres sean todo lo que Dios quiere que sean, te animamos a que crezcas en oración en dos áreas clave:

1.   **En tu oración privada:**

La clave es que cada uno de nosotros crezca en su propio caminar con el Señor y se mantenga firme en la batalla. Dirigir uno de nuestros cursos nos sitúa en primera línea y necesitamos estar al lado de Jesús. En su libro La fortaleza de Dios, Francis Frangipane dice: «Si al intentar cumplir la tarea que Dios nos ha encomendado sacrificamos nuestra vida devocional diaria, nuestras vidas se volverán áridas y desoladas. El primer y mayor propósito no es salvar a nuestra nación, sino complacer a Dios».

2. En la estrategia de oración de tu iglesia:

El camino para ver vidas transformadas mediante cualquiera de nuestros cursos comienza con la oración. No podemos hacer nada por nosotros mismos, pero podemos hacer todas las cosas en Cristo que nos fortalece. Juan 15:4 nos dice que permanezcamos en él, tal como él permanece en nosotros. Ningún sarmiento puede dar fruto por sí mismo; debe permanecer unido a la vid. Tampoco nosotros podemos dar fruto a menos que permanezcamos en él. Él edifica su iglesia, ¡no nosotros! (Mateo 16:18)

La oración pone a Dios en el centro, permitiéndonos buscar sus deseos, sus planes y su camino.

CÓMO ORIENTARSE EN EL MANUAL DE ORACIÓN DE LIBERTAD EN CRISTO

TU ORACIÓN PRIVADA

La oración es muchas cosas. Es tanto esperar como hablar. Tiene que ver con la adoración y con la postura de nuestro corazón. Es silencio y disfrute. Es batalla y estrategia, dirección y claridad. Es venir al trono de nuestro Dios Padre para entrar en sintonía con sus caminos y acercarnos a su corazón —al corazón de nuestro Padre vivo, fiel, omnipresente.

Ya sea que llevemos muchos años en la fe, o que acabemos de iniciar nuestro caminar con él, todos necesitamos un poco de dirección en lo que se refiere a la oración. Dios nos invita a sí mismo – para conocerle y ser conocidos por él. Él quiere una relación abierta y sin tapujos con nosotros. En su libro Where Prayer Becomes Real (Donde la oración se hace real), Kyle Strobel y John Coe dan en el clavo al decir que «si quieres una vida de oración aburrida, pásala intentando ser bueno en la oración en lugar de ser honesto».

Ponernos a cuentas con Dios cada día, ser honestos y llevar cuentas cortas es de muchísimo provecho. Sobre todo en el ministerio. Por eso, en esta sección encontrarás varias oraciones de arrepentimiento, consagración, entrega y para revestirse de la armadura de Dios.

Podemos elegir cómo realizamos nuestro trabajo o ministerio para él. Puede ser con el corazón en paz, o con un corazón atribulado. Una palabra de Dios a nuestro corazón puede cambiarnos la vida y llevarnos de la ansiedad y el estrés a la paz y la satisfacción. En un mundo de cambio constante con problemas y malestar crecientes, todos necesitamos sentarnos a los pies de Jesús para aprender a crecer en intimidad con él.

Orar las Escrituras nos llevará a profundizar en la oración, por lo que la Biblia es un buen punto de partida. Con los salmistas, podemos estar quietos y saber que él es Dios (Salmo 46:10), seguros de que podemos dirigirle a Dios nuestra oración porque sabemos que nos responderá; inclinará su oído y escuchará cuando oremos (Salmo 17:6).

Y entonces, como David, encontraremos fuerzas en el Señor nuestro Dios (1 Samuel 30:6). Por medio del Espíritu Santo nos afirmará la paternidad de Dios, al susurrarnos en lo más íntimo de nuestro ser «Eres hijo amado de Dios» y nuestro espíritu clamará «Abba, Padre» (Romanos 8:15).

Además de las oraciones en las páginas siguientes, hay muchos sitios web y recursos que hemos enumerado en la página 72 del manual y que también pueden servirte.

«Acepta como incienso la oración que te ofrezco, y mis manos levantadas, como una ofrenda vespertina».

(Salmo 141:2)

ORACIONES DE ARREPENTIMIENTO

Querido Padre Celestial, hoy te adoro y nuevamente te entrego mi amor. Por favor abre mis ojos para ver quién eres de verdad y recuérdame quién soy en ti. Dame oídos para escuchar tu voz, el deseo de responder en fe a lo que tú ya has hecho y lo que aún deseas hacer por mí.

Jesús, tú me rescataste del dominio de las tinieblas y me transferiste a tu reino, por lo que renuncio a Satanás en todas sus obras y caminos y renuncio toda participación en religiones, cultos o prácticas no cristianas, tanto en el pasado como en el presente.

Tú moriste y resucitaste de entre los muertos, y tú eres mi Señor, Salvador, Maestro y Amigo que resucitó y reina para siempre.

Me entrego a obedecer todo lo que tú mandas, a hacer lo que tú quieras que haga, a ser lo que tú quieras que sea, a renunciar a lo que tú quieras que renuncie, a entregar lo que tú quieras que entregue, y a convertirme en lo que tú quieras que me convierta. Amén.

Querido Padre Celestial, confieso, rechazo, renuncio y repudio cada pecado en el que he estado involucrado. Gracias por perdonarme.

Acepto ser reconciliado contigo, Padre Celestial, y estoy muy agradecido de estar en paz contigo.

Como expresión de mi fe en tu perdón hacia mí, perdono a toda persona que alguna vez me haya herido, abusado o se haya aprovechado de mí.

Te abro todas las puertas de mi vida, Jesús, y te pido que tomes el control de cada parte de mi ser. Gustosamente acepto la llenura y la dirección del Espíritu Santo en cada aspecto de mi vida.

Deseo vivir en unión contigo, Señor Jesús, desde este momento hasta que esté delante de ti y escuche que leen mi nombre del libro de la vida del Cordero.

Amén.

ORACIONES DE CONSAGRACIÓN

Padre Celestial, te doy el amor de mi corazón y la adoración y alabanza que mereces hoy. Rey de reyes, Señor de señores, Consejero admirable, tu nombre es sobre todo nombre. Me consagro a ser santo porque tú eres santo. Te agradezco que mi vieja naturaleza pecaminosa ha muerto y te pido que me sigas renovando y conformando a la imagen de Jesús.

Elijo desechar mi amor por el mundo y las cosas del mundo. Busco primero el gobierno de tu reino en mi corazón y en toda mi vida, busco tu justicia en todo. Perdóname por haber sido codicioso y egoísta y haberte robado aquello que era tuyo por derecho. Elijo darte todo, incluyendo mis relaciones, mi dinero, mi trabajo, mi tiempo y mi descanso.

Profundiza mi amor por ti y permíteme obedecerte por completo. Jesús, me has confiado el ministerio de la reconciliación. Me rindo a tu llamado y a ser tu testigo.

Me comprometo a servirte al orar, al dar mis recursos y tiempo para compartir el mensaje de libertad a dondequiera que tú me envíes. A ti sea toda gloria y alabanza, Amén.

Padre Celestial, muy a menudo he vivido en mis propias fuerzas y por mis motivaciones egoístas. Me doy cuenta de que mi vida no me pertenece. No quiero seguir viviendo así. Solo quiero vivir la vida en Cristo.

Gracias que estás dedicado a mi cuidado y mi crecimiento. Quiero permanecer en ti y en tu hijo el Señor Jesús. ¿A dónde más iré? Solo tú tienes palabras de vida eterna.

Hoy elijo confiar, depender de ti Jesús y presentarte cada parte de mi cuerpo en adoración y servicio.

Elijo renunciar al sistema de valores de este mundo, y en su lugar elijo renovar mi mente con tu verdad.

Sé que al hacerlo mi vida será transformada y sabré en mi corazón que tu voluntad es siempre lo mejor para mí. En el nombre de Jesús, haz lo que quieras en mí, Señor, para tu gloria, amén.

ORACIÓN DE RENDICIÓN

PASAMOS POR EL FUEGO

Padre Dios, tú eres mi alfarero. Sólo a ti te adoro y declaro hoy que te amo más que a nadie y que a cualquier otra cosa a la que me pueda estar aferrando.

Porque te amo por encima de todo, te entrego mis relaciones familiares y de amistad. Te entrego mi carrera con todas sus posibilidades y potencial. Te entrego todo mi dinero y mis posesiones. De todos modos, son tuyos.

Te entrego todos mis supuestos «derechos» y reconozco que en realidad sólo tengo un derecho: el derecho a ser llamado tu hijo. Si me aferro a ese «derecho», entonces sé que tú estarás a mi favor.

También te entrego toda angustia y confío en tu paz. Te entrego toda ira y confío en tu amor y paciencia. Te entrego todo temor y confío que me darás fe. Dejo toda culpa, porque tú me has perdonado. Te entrego todo lo que soy, incluso mis dones, talentos, habilidades, planes, ambiciones y sueños.

Te entrego todo lo que soy y todo lo que no soy, incluso mis debilidades. Al rendirme completamente a ti, glorifícate a través de mí.

Al entrar en tu horno, confío en que forjarás y fundirás mi voluntad con la tuya. A pesar de no saber lo que tú tienes planeado para mí, declaro que ningún ojo ha visto, ningún oído ha escuchado, ninguna mente humana ha concebido lo que tú has preparado para quienes te aman.

Oro todo esto confiado de que tu voluntad es buena, aceptable y perfecta para mí. Padre, en tus manos de orfebre mi corazón es como oro fundido. Tú limpias mi interior de toda la escoria que flota a la superficie. Señor, el poder de tu fuego es tremendo, pero lo sigues avivando porque quieres refinarme.

A medida que purificas el oro de mi fe y retiras la escoria, quieres ver el reflejo tu Hijo Jesús en mi vida. Aunque sé que eso no sucederá por completo hasta llegar a tu presencia, hasta entonces quiero reflejarte cada vez con mayor claridad.

En el nombre de Jesús, Amén.

Rich Miller

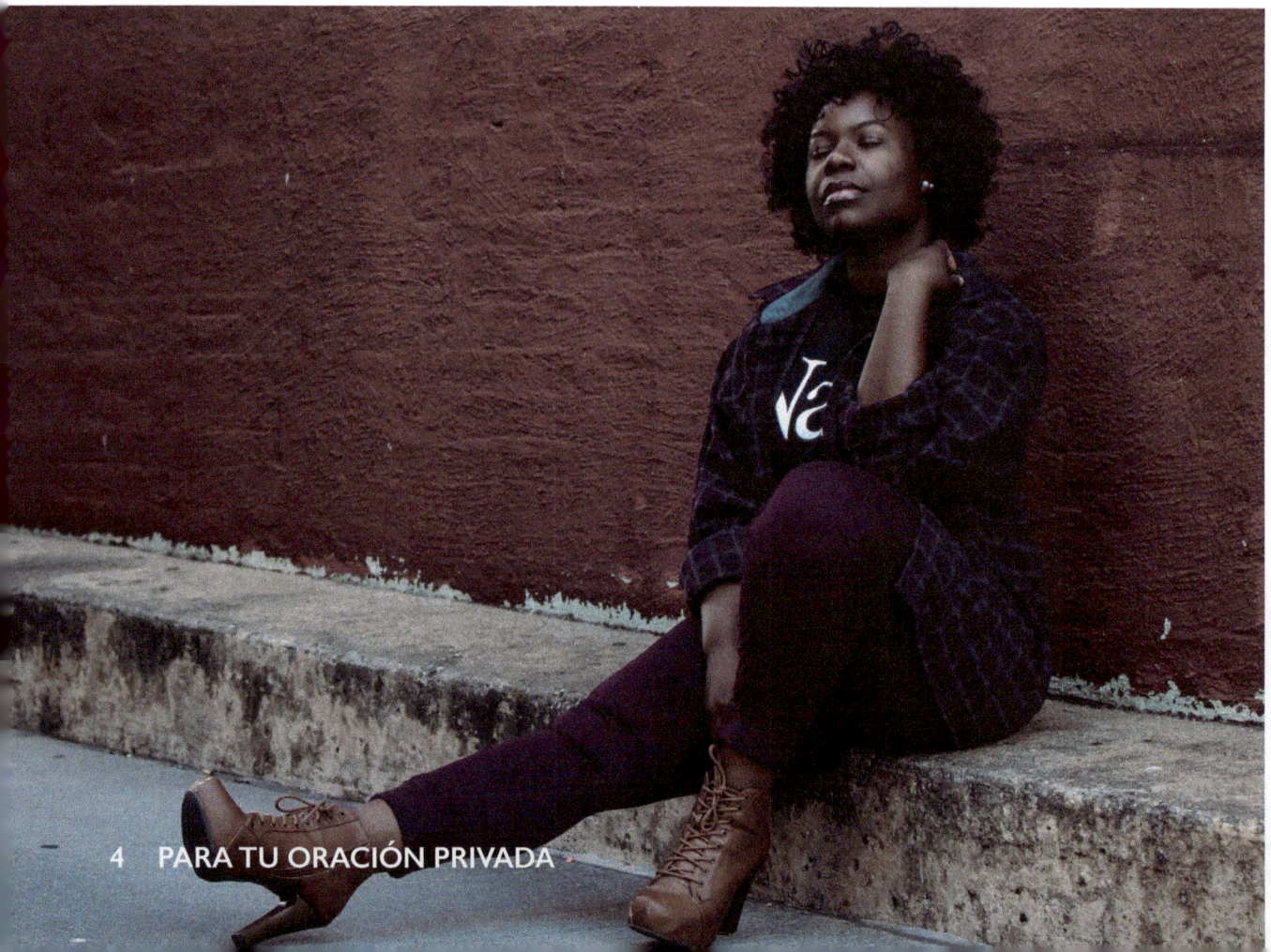

Renuncia y cede el control de tu vida, familia, ministerio y reputación a Dios

Exalta a Dios - dale la gloria, el honor, la honra

Programa el tiempo para alejarte de las presiones del trabajo

Ora con gratitud de que Dios no te necesita

Satúrate cada día del Espíritu de libertad

Ocúpate solo de las buenas obras que Dios preparó de antemano para ti y déjale a él los resultados.

(Rich Miller)

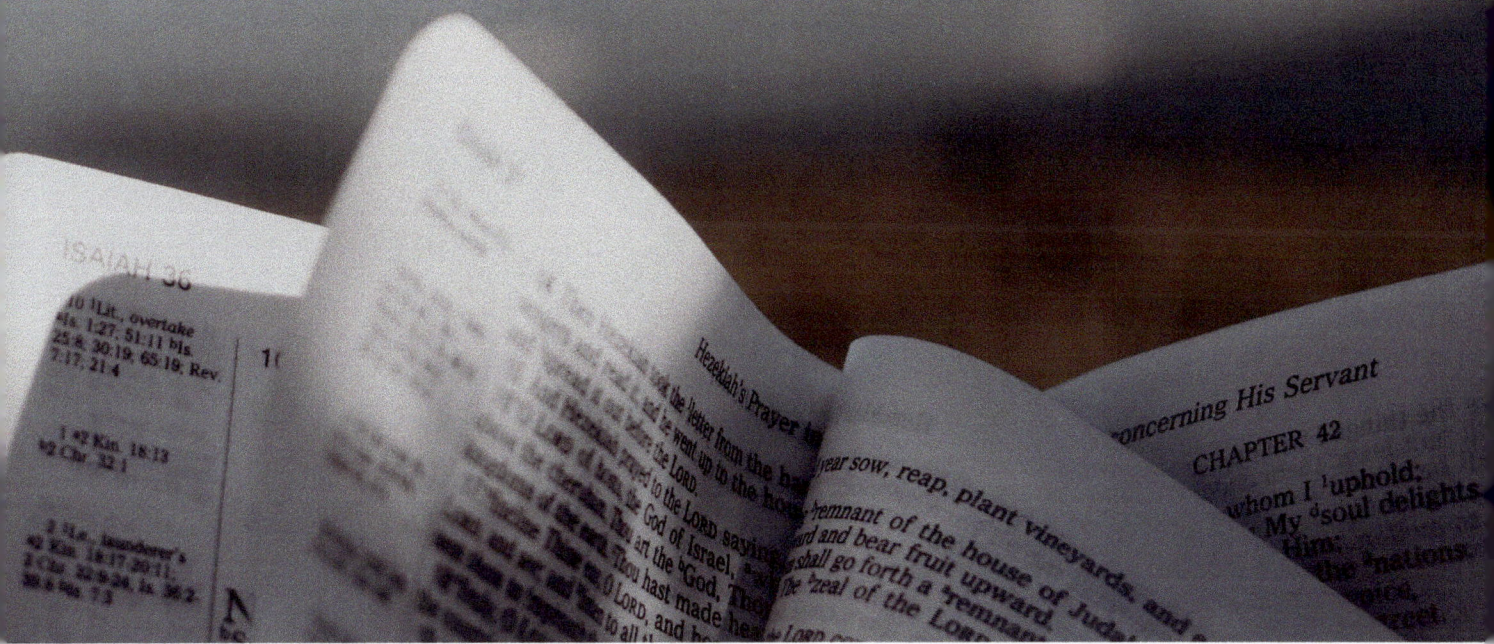

DIRIGE DESDE EL DESCANSO

El descanso consiste en que el corazón ceda el control a Dios. De ese modo la ansiedad, la inquietud, la presión por rendir y la necesidad de generar resultados disminuye y se va remplazando por un estilo de vida de profunda confianza en Dios. Eso da paso a mayor gozo y paz interior y resulta en mayor fruto.

El enemigo trata de abrumarnos, desgastarnos y quemarnos, inutilizándonos para llevar a cabo los propósitos de Dios y su Reino. Jesús dijo que necesitamos permanecer en él continuamente, de lo contrario no podemos hacer nada de valor eterno.

Jesús dijo: «...aprendan de mí, y encontrarán descanso para su alma». (Mateo 11:29 NVI)

«Solo en Dios halla descanso mi alma; de él viene mi salvación. Solo él es mi roca y mi salvación; él es mi protector. ¡Jamás habré de caer!» (Salmo 62: 1-2 NVI)

ORACIÓN PARA DIRIGIR DESDE EL DESCANSO

Renuncio a la mentira que dice que necesito demostrar mi valor, ya sea a mí mismo o a los demás, y a cualquier presión para impresionar a los demás. Proclamo la verdad de que soy completamente aceptado en Cristo el amado. Me despojo de todo falso yugo y asumo el yugo de Jesús que buscó agradarte sólo a ti, Padre.

Renuncio al desasosiego que proviene de creer que tengo que ganar o superar a los demás, como si estuviera compitiendo. Renuncio al impulso de querer parecer más espiritual, sabio, dotado, fructífero, experto, entretenido o trabajador que los demás.

Proclamo la verdad de que no puedo recibir nada que no me sea dado del cielo y que haya recibido como un don. Mis tiempos están en tus manos y estoy llamado a llevar a cabo las buenas obras que tú has preparado de antemano.

Renuncio a la inquietud de espíritu que me lleva a ser adicto a la actividad y a rehuir la tranquilidad, la soledad, la quietud y el descanso, y que me priva de la intimidad contigo.

Proclamo, querido Señor, que me creaste para ti y me llamaste ante todo para estar contigo. Quiero profundizar en ti. Como un ciervo sediento en busca de un río, así mi alma te anhela, Dios mío. Mi alma tiene sed de ti, Dios vivo. Renuncio a saciar mi sed en otras fuentes.

Renuncio a caminar por la vista y no por la fe, a toda ansiedad, temor y pánico que surgen de apartar mis ojos de Jesús. Proclamo que por tu gracia fijaré mi mente en las cosas celestiales - en Jesús que es el autor y consumador de mi fe.

Renuncio a todo orgullo y a creer que puedo cuidar de mí mismo; que puedo solucionar mis problemas; que siempre puedo abarcar más; que no necesito dormir o descansar o tomar tiempo libre como los demás.

Renuncio a ser sabio en mi propia opinión y a apoyarme en mi propia inteligencia. Decido aquí y ahora confiar en ti de todo corazón y reconocerte en todos mis caminos.

Proclamo que me basta tu gracia. Elijo regocijarme en mis debilidades para que habite en mí el poder de Cristo; porque cuando soy débil, entonces soy fuerte.

Renuncio a quejarme, a luchar, a resistir o a dudar de tu amor por mí cuando me enfrento a diversas dificultades que prueban mi fe.

Elijo aceptar que tú disciplinas a quienes amas y que tu poda es prueba de que soy tu hijo y me permite dar más fruto.

Acepto que me guíes por sendas de justicia por amor de tu nombre y que tu vara y tu cayado me consuelen.

Pero primero tú restaurarás mi alma. Amén.

Rich Miller

Efesios 1:6; Mateo 11:28-30; Juan 8:29; Juan 3:27; 1 Corintios 4:7; Sal 31:15; Efesios 2:10; Salmo 4:3; Marcos 3:14; Salmo 42:7; Salmo 42:1-2; 2 Corintios 5:7; Mateo 14:28-33; Colosenses 3:1-2; Hebreos 12:2; Proverbios 3:5-6; 2 Corintios 12:9-10; Hebreos 12:6-8; Juan 15:2; Salmo 23:3-4

LIBÉRATE DE FALSAS RESPONSABILIDADES

Necesitamos estar seguros de quiénes somos en Cristo para evitar satisfacer nuestras propias necesidades mediante nuestro hacer y liderar.

Toma el tiempo para preguntarte:

¿Cuáles son mis motivaciones para estar en el rol de apoyar a los demás?

- ¿Necesito que me necesiten y que me vean como alguien que sirve a los demás?

- ¿Me sentiré culpable si no llegan a ser libres?

- ¿Acaso al ayudar con este curso de Libertad en Cristo evito atender a mis propias necesidades?

- ¿Acaso hay necesidades mías que se satisfacen al ejercer este ministerio o al ayudar a la gente?

- ¿Necesito sentirme más conocedor, más sabio y más «en control» que los demás?

- ¿Acaso ayudar a dirigir un curso me da un sentido de importancia o de ser especial y un propósito en la vida?

- ¿Creo que soy el único que puede corregir o arreglar las cosas?

RENUNCIA A LA FALSA RESPONSABILIDAD:

Señor, renuncio a la mentira que dice que es mi responsabilidad «arreglarle la vida» a la gente en mi iglesia. Proclamo la verdad de que, como hijos de Dios, ellos al igual que yo hemos recibido toda bendición en Cristo, y tenemos todo lo que necesitamos para la vida y la piedad.

Afirmo que es la responsabilidad de cada persona conocer y creer la verdad por sí misma, pero me comprometo a acompañar a los demás y hacer mi parte para animarles y ayudarles a encontrar libertad. Suelto toda falsa responsabilidad que sienta por otra persona.

Elijo creer que el resultado final no depende de mí, sino de Jesús, el único que libera.

Amén.

UNA ORACIÓN PARA PONERSE LA ARMADURA DE DIOS

Padre Celestial, tengo fuerza sobrenatural mediante mi unión con el Señor Jesús. ¡Me planto victorioso con la fuerza de su explosivo poder que fluye en mí y a través de mí!

Por tanto, me pongo la armadura completa que has provisto para mi protección al luchar contra las estrategias malignas del acusador.

Mi lucha no es contra seres humanos, sino contra principados y autoridades de rebelión en las regiones celestiales - poderosos espíritus malignos que mantienen en esclavitud a este mundo oscuro.

Por tanto, me visto de toda la armadura que tú provees para mi protección al enfrentarme al calumniador; porque la victoria es mi destino.

Me ato el cinturón de la verdad que me fortalece y mantiene erguido. Me pongo la santidad como coraza protectora que cubre mi corazón. Calzo mis pies con la disposición de proclamar el evangelio de la paz.

En toda batalla, levanto la fe como escudo envolvente, capaz de apagar las flechas incendiarias que el maligno me lanza.

Tomo el poder absoluto de la salvación como casco para proteger mi mente de toda mentira. Empuño la poderosa y afilada espada del Espíritu que es la palabra de Dios.

Oro en el Espíritu, intercedo constantemente con toda súplica en todo momento y bendigo a mis hermanos creyentes.

Cuando hable, dame las palabras para dar a conocer con valor el maravilloso misterio del Evangelio que infunde esperanza.

Dios Padre, derrama tu paz sobre mí y llena mi corazón de fe y de tu amor. Amén.

Tomado de Efesios 6

MIS NOTAS DE ORACIÓN PRIVADA

Al orar,
¿Qué me estás
diciendo, Señor?

ORACIONES POR LOS CURSOS QUE DIRIGES

«Vivimos de tal manera que nadie tropezará a causa de nosotros, y nadie encontrará ninguna falta en nuestro ministerio» (2 Corintios 6:3)

En esta sección, encuentras recursos para establecer una cobertura espiritual para cada curso, para prepararte personalmente y como equipo, y un diario de oración. Si logras establecer la oración desde el principio y eres capaz de mantenerla, ¡verás una diferencia notable en el fruto de tu curso!

Las **oraciones personales** te preparan para el ministerio. Se basan en la Biblia y te ayudan a asumir la responsabilidad de examinarte en la presencia de Dios antes de comenzar. Te afirman en tu autoridad en Cristo, te animan a confesar todo pecado que se interpone en tu relación con Dios o que obstaculiza tu ministerio, y luego te guían a ejercer esa autoridad al ponerte la armadura de Dios, (Efesios 6, ver página 8). Debemos orar continuamente por los santos, especialmente por los que asisten a nuestros cursos.

Las **declaraciones de equipo** sirven para que tú y tu equipo ejerzan su autoridad espiritual corporativa en Cristo. Eso significa que juntos se posicionan en lo que Dios ya ha hecho y en lo que ha prometido hacer. Úsalo regularmente a lo largo del curso y en especial cuando vayas a hacer Los Pasos.

Les animamos a prepararse con una mentalidad de equipo. Nos necesitamos unos a otros para que todo funcione óptimamente. Recuerden que su autoridad espiritual crece a medida que profundicen en la unidad verdadera y llena del Espíritu —como vemos en Efesios 4. Para llegar a esa unidad en Dios, necesitan prepararse bien individualmente y como equipo.

Por último, hay **un diario de oración** para cada curso. Están diseñados para que identifiques fácilmente lo que cubre cada sesión y lo utilices para guiar tus oraciones cada semana.

«Por eso, desde el día en que lo supimos, no hemos dejado de orar por ustedes. Pedimos que Dios les haga conocer plenamente su voluntad con toda sabiduría y comprensión espiritual».

(Colosenses 1:9 NIV)

¡Disfruta el viaje!

DESCARGAS PARA IMPRIMIR

Puedes obtener algunas hojas en PDF para imprimir en nuestro sitio web: Visita www.libertadencristo/recursos-gratuitos para acceder a ellas.

ESTABLECE LA ORACIÓN PARA TU CURSO

No caigas en la tentación de saltarte la oración, o de pensar que no es importante, porque necesitas preparar el terreno para la semilla que se va a sembrar a través de tu curso. Si es la primera vez que organizas un curso, déjaselo saber al equipo de oración de tu iglesia, a tus líderes de iglesia y/o a quienes oran por el trabajo de Libertad en Cristo en tu iglesia. Para empezar, reúnete regularmente con tu equipo durante las semanas previas al inicio del curso, reúnanse la noche anterior al inicio y luego media hora antes de empezar.

COMIENZA BIEN:

- Una vez que sepas quiénes se han inscrito, ora por cada persona por nombre.
- Reúnanse semanalmente para orar antes del inicio del curso (si no es posible en persona, oren por Zoom, Google Meet o algo similar).
- Oren las Escrituras en voz alta – proclamen juntos las promesas de Dios.
- Recorran en oración los predios de la iglesia, o reúnanse para orar en la sala que van a utilizar para el curso.

- Recuerda orar por protección sobre la salud, las familias y la tecnología que utilizarás.
- Considera añadir algún tipo de ayuno a las oraciones (ayuno de TV, redes sociales, comida...).

TERMINA BIEN:

- Al final de cada sesión del curso da gracias al Señor.
- Establezcan la siguiente vez que se juntarán para orar.
- Puede que los líderes de grupos pequeños hayan tenido desafíos en su grupo. Será de provecho recordar quién es responsable de qué y luego orar unos por otros.
- Utiliza la oración de limpieza después de cada sesión (ver página 44).
- Al finalizar el curso, júntense para alabar a Dios.

«Porque donde dos o tres se reúnen en mi nombre, allí estoy yo en medio de ellos» Jesús, en Mateo 18:20

Orar juntos es una aventura apasionante, y podemos aprender mucho unos de otros. ¡En las próximas páginas te proponemos varias cosas!

MIS NOTAS DE ORACIÓN PRIVADA

Al orar,
¿Qué me estás
diciendo, Señor?

ENCUENTRA *la Verdad*

ENCUENTRA *vida*

INTRODUCCIÓN AL CURSO DE DISCIPULADO DE LIBERTAD EN CRISTO

¡Nos emociona que vas a impartir un Curso de Libertad en Cristo! Confiamos en que Dios traerá libertad y fruto a las vidas que estás liderando.

Muchas iglesias utilizan el curso para discipular a todos sus miembros sin importar cuánto tiempo llevan en la fe. Pero es mucho más que simplemente un curso interesante. Su propósito es dar a la gente las herramientas espirituales que necesitan para llevar a cabo las buenas obras que Dios les ha preparado de antemano. Ayuda a establecer unos fundamentos del discipulado que potenciarán las demás actividades en la que tu iglesia o ministerio esté involucrado.

Es lo suficientemente flexible como para utilizarlo de diversas maneras: en grupos pequeños (células, grupos de conexión…), como una serie de sermones, en un discipulado individual, o como seguimiento de un curso evangelístico.

Sea cual sea el formato que utilices, la oración es vital para asegurarte de que se fundamente en los planes y propósitos de Dios, y de que dependes de él en todo momento. Como dice David Mathis, Director Ejecutivo de DesiringGod.org, «Cuando compartimos el gozo de la oración, aumentamos nuestro gozo en la oración».

«Pidan, y se les dará; busquen, y encontrarán; llamen, y se les abrirá» (Mateo 7:7 NVI).

«Por eso les digo: Crean que ya han recibido todo lo que estén pidiendo en oración, y lo obtendrán» (Marcos 11: 24 NVI).

ANDY MORRIS

"

He notado que cuando dirijo una sesión del curso Libertad en Cristo (que ya conozco bastante bien), puedo perder el rumbo si primeramente no he pasado un momento en la presencia de Dios. Es bueno conocer el material y saber qué preguntas plantear, pero el diálogo se puede descarrilar si yo no me he centrado en Dios de antemano. Es una lección obvia, pero la he aprendido por mi experiencia.

ENCUENTRA *proposito*

ENCUENTRA *libertad*

LIBERTAD EN CRISTO
LIBERTADENCRISTO.ORG

AL DIRIGIR UN CURSO DE DISCIPULADO DE LIBERTAD EN CRISTO

UNA ORACIÓN PERSONAL

Padre celestial, tú eres digno de todo honor, alabanza y gloria. Toda autoridad en el cielo y en la tierra ha sido dada a Cristo resucitado, y al estar en Cristo comparto esa autoridad para hacer discípulos y liberar a los cautivos. Gracias por la maravillosa oportunidad y el privilegio de ayudar en este Curso de Libertad en Cristo.

Al prepararme para liderar a otros, crea en mí un corazón puro, y lléname nuevamente con tu Espíritu Santo. Elimina todo obstáculo que me impida liderar bien. Que las palabras de mi boca y la meditación de mi corazón sean agradables a tus ojos. Fortaléceme y llena mi corazón de tu paz.

Declaro que estoy completo en ti, y que Satanás y sus demonios se someten a mí en Cristo porque soy miembro de su cuerpo. Declaro que tengo un espíritu de poder, amor y dominio propio y que la palabra de Cristo mora abundantemente en mí. Porque mi morada está en ti, tú prometes que ordenarás que tus ángeles me cuiden en todos mis caminos. Invoco el reino del Señor Jesucristo en mi vida, mi hogar, mi familia, mi trabajo y todo lo que hago en mi iglesia. Toda gloria, honor y gracias sean dadas a Jesucristo. En su nombre oro. Amén.

UNA DECLARACIÓN EN EQUIPO

Padre, declaramos sobre este Curso de Libertad en Cristo que tú vas por delante de nosotros y el nombre de Jesús será glorificado a medida que su novia se prepara. Decimos a las puertas de _____ [tu iglesia/pueblo/ciudad] «¡Levántense, para que entre el Rey de gloria!» Acordamos que ningún enemigo del Señor Jesús puede interferir con este Curso de Libertad en Cristo, ni robar, matar o destruir lo que tú has planeado para tu pueblo en nuestra iglesia.

Establece la verdad de tu poderosa palabra para que tus hijos conozcan la verdad y sean hechos libres. Creemos que tú has levantado a Libertad en Cristo para este tiempo en nuestra iglesia, que tú la usarás para que tus hijos descubran su verdadera identidad en ti y se acerquen más a ti. Padre tú has decretado que tu palabra no regresará a ti vacía, sino que hará lo que tú deseas y cumplirá tus propósitos.

Declaramos nuestra confianza en ti durante todo este Curso de Libertad en Cristo; te veremos obrando desde la primera hasta la última sesión. Ven, Espíritu Santo, acompáñanos durante este curso para que el nombre de Jesús sea exaltado y sus hijos sean transformados. Amén.

2 Samuel 22; Jeremías 1:12; Salmo 51; Salmo 19:14; Efesios 3: 8,16; Efesios 6:17; 2 Timoteo 1:7; Colosenses 3:16; Juan 17:17; 1 Juan 2:27; Salmo 91:9-11

DIARIO DE ORACIÓN PARA EL CURSO DE LIBERTAD EN CRISTO

SESIÓN

1. ¿Quién soy?	Versículo clave: 2 Corintios 5:17 Ora por las personas - que asimilen en lo profundo de su ser que son criaturas completamente nuevas en Cristo, santas - aceptadas, seguras e importantes.
2. Aceptar la verdad	Versículo clave: Hebreos 11:6 Que comprendan que todos vivimos por fe en algo o en alguien, y que la fe en Dios implica descubrir lo que es verdad, elegir creerlo y actuar consecuentemente.
3. La verdad según el mundo	Versículo clave: Romanos 12:2 Que cada persona tome una decisión firme de dar la espalda a lo que el mundo enseña y escoja creer lo que Dios dice que es verdad.
4. Nuestra decisión diaria	Versículo clave: Romanos 8:9 Que entiendan que, aunque seguimos teniendo el impulso de no confiar plenamente en Dios ni andar en el Espíritu, ya no tenemos que ceder a él, sino que tenemos la libertad de elegir.
5. La mente, el campo de batalla	Versículo clave: Efesios 6:11 Que comprendan que el diablo les bombardea constantemente con mentiras, pero que no tienen que creer cada idea que les viene a la cabeza, sino que pueden confrontar cada idea con la verdad y elegir aceptarla o rechazarla.
6. La vida emocional equilibrada	Versículos de enfoque: 1 Pedro 5:7-8 Por un entendimiento de nuestra naturaleza emocional y de su relación con nuestras creencias.
7. Perdonar de corazón	Versículos de enfoque: Mateo 18:34-35 Que todos reconozcan lo que es y lo que no es el perdón, y que aprendan a perdonar de corazón.
Los Pasos hacia la Libertad en Cristo	Versículo clave: Santiago 4:7 Que cada participante pueda resolver sus conflictos personales y espirituales y puedan experimentar su libertad en Cristo. Que conozcan y experimenten el amor del Padre hoy.
8. La renovación de la mente	Versículo clave: Romanos 12:2 Que comprendan que obtener libertad y vivir en libertad no son experiencias aisladas, sino que debe convertirse en un estilo de vida.
9. Relacionarnos con los demás	Versículo clave: Mateo 22:37-40 Por entendimiento de nuestros roles y responsabilidades en las relaciones con los demás, para que todos podamos crecer en Cristo y expresar la unidad genuina.
10. ¿Hacia dónde vas?	Versículo clave 1 Timoteo 1:5 Por discernimiento al evaluar lo que creen a la luz de las Escrituras. Que hagan los ajustes necesarios para continuar pareciéndose cada vez más a Jesús.

MIS NOTAS DE ORACIÓN PRIVADA

Al orar,
¿Qué me estás
diciendo, Señor?

ENCUENTRA ENCUENTRA
Propósito *La Verdad*

INTRODUCCIÓN A «DISCIPLE»* (DISCÍPULO)

«Disciple» nació del deseo apasionado de que los jóvenes adultos conecten con Jesús y que eso marque una diferencia radical en su vida - ¡esperamos que esa sea tu experiencia! Todos somos embajadores de Dios dondequiera que él nos ha colocado, y el trabajo de la iglesia es capacitarnos para hacer las buenas obras que él preparó de antemano.

«Disciple» te ayudará a cumplir el mandato de Jesús de proclamar las buenas nuevas y traer justicia, rectitud y libertad. Los participantes descubrirán que han sido elegidos por Dios para ser ministros de reconciliación y más que vencedores. Cristo está en ellos, y alcanzarán la libertad de elegir cómo serán los siguientes capítulos de su historia.

Anhelamos que este curso impulse a los jóvenes adultos a tomar su lugar en los maravillosos planes de Dios. Que los anime a vivir apasionadamente para Dios, en el poder del Espíritu Santo; juntos, como parte del cuerpo de Cristo.

Orar por «Disciple» establece el fundamento para que Dios haga su obra en todos los participantes. Nos permite, como líderes, caminar a su lado, transformándonos a nosotros también, en el proceso.

«Él mismo constituyó a unos, apóstoles; a otros, profetas; a otros, evangelistas; y a otros, pastores y maestros, a fin de capacitar al pueblo de Dios para la obra de servicio, para edificar el cuerpo de Cristo. De este modo, todos llegaremos a la unidad de la fe y del conocimiento del Hijo de Dios, a una humanidad perfecta que se conforme a la plena estatura de Cristo» (Efesios 4:11-13 NVI)

«Pueblo mío, atiende a mi enseñanza; presta oído a las palabras de mi boca. Mis labios pronunciarán parábolas y evocarán misterios de antaño, cosas que hemos oído y conocido, y que nuestros padres nos han contado. No las esconderemos de sus descendientes; hablaremos a la generación venidera del poder del Señor, de sus proezas, y de las maravillas que ha realizado». (Salmo 78: 1-4 NVI).

«Que cada generación cuente a sus hijos de tus poderosos acto y que proclame tu poder»

(Salmo 145:4)

*«DISCIPLE» no está en español. En cambio, el curso iGEN está disponible en español y está dirigido tanto a jóvenes adolescentes como a jóvenes adultos.

ENCUENTRA Libertad ENCUENTRA Vida

disciple
libertadencristo.org

AL DIRIGIR «DISCIPLE»

UNA ORACIÓN PERSONAL

Padre Celestial, dependo de ti al aceptar tu llamado para liderar «Disciple». Por mi cuenta no puedo hacer nada que marque una diferencia, pero afirmo la verdad de que toda autoridad en el cielo y en la tierra le ha sido dada a Cristo resucitado y, al estar en Cristo, comparto esa autoridad para hacer discípulos y liberar a los cautivos.

Fortaléceme para que incluso al liderar, yo mismo crezca en mi entendimiento de tu amor y gracia y pueda transmitirlo a los demás. Declaro que tengo un espíritu de poder, amor y dominio propio, y que la palabra de Cristo mora abundantemente en mí. He sido santificado por tu palabra de verdad. Límpiame de toda impureza y úsame como tú quieras al liderar este curso.

En medio de la constante ansiedad e incertidumbre en este mundo, permíteme ser un canal de descanso y renovación para otros —y a la vez que yo siga avanzando hacia mayor libertad, mayor fruto y tus planes para mí.

En el nombre de Jesús, Amén.

UNA DECLARACIÓN DE EQUIPO

Creemos que tú, Padre, nos has dado «Disciple» en este momento para compartir tu palabra. Las palabras que salgan de tu boca mediante este curso no volverán a ti vacías. Llevarán a cabo el propósito que tú les diste. Ya que estamos sentados en los lugares celestiales, declaramos que Satanás y sus demonios no pueden interferir con el funcionamiento de «Disciple». Te encomendamos, Señor, a cada persona que se una al curso. Los bendecimos para que los ojos de su corazón sean abiertos a la verdad y a las asombrosas profundidades de tu amor por cada uno de ellos.

Declaramos que la verdad de tu poderosa palabra será plantada y establecida en _____ [tu iglesia o grupo] y nuestra generación conocerá la verdad y será hecha libre. Declaramos que tú, Señor, tienes el poder de hacer mucho más de lo que podríamos imaginarnos o pedir. ¡Gloria a ti en la Iglesia! ¡Gloria a ti de generación a generación por los siglos de los siglos! Dios, tú estás aquí con nosotros. No nos abandonarás. No nos dejarás. No nos dejaremos intimidar y no nos preocuparemos.

En el nombre de Jesús bendecimos a cada persona, para que terminen el curso seguros que han escuchado de ti y saben algo de lo que tú los llamas a hacer. Espíritu Santo habla esperanza a cada persona sobre su propia situación. Amén..

1 Juan 4:4; 2 Samuel 22; Salmo 51; Salmo 19:14; Efesios 3:16; 2 Timoteo 1:7; Colosenses 3:16; Juan 17:17; 1 Juan 2:27; Efesios 3:8; Salmo 91:9-11; 2 Corintios 4:1-7

DIARIO DE ORACIÓN PARA «DISCIPLE»

SESIÓN

1. Tu autobiografía	Versículo clave: Efesios 2:10 Ora por cada joven adulto - que se dé cuenta de que ya tiene todo lo que necesita para que su historia tenga un impacto que dure para siempre. Por sabiduría al meditar en la pregunta «¿Qué historia vas a escribir?»
2. Cómo empieza la historia	Versículo clave: Efesios 1:1 Que asimilen en lo profundo de su espíritu la verdad de que ya no son huérfanos espirituales sino personas santas que están vivas espiritualmente.
3. Una historia real	Versículo clave: Juan 18:37-38 Al meditar en la pregunta «¿Qué es la verdad?» - que la humanidad se ha planteado por miles de años - que comprendan que Jesús no pretendía conocer la verdad, sino SER la verdad.
4. La historia del mundo	Versículo clave: Romanos 12:2 Que comprendan cómo el mundo intenta desviarles del camino y alejar su historia de los planes que Dios tiene para ellos mediante falsas promesas, consumismo y comodidad, y presentando una falsa imagen de la realidad.
5. La historia de la carne	Versículo clave: Romanos 8:9 y 2 Cor10:4 Aunque nos convertimos en una nueva criatura santa al entregamos a Jesús, no hay un botón de «reinicio» en nuestra mente. Oremos que cada joven adulto comprenda que tiene todo lo que necesita para vencer la carne con esfuerzo y persistencia.
6. La historia del diablo	Versículo clave: 1 Pedro 5:8-9 Ora por paz y protección del temor mientras aprenden que el diablo es real pero que ha sido derrotado, y que tienen todo lo que necesitan para vencerlo.
7. Verdad y emociones	Versículo clave: Efesios 4:26-27 Que esta sesión sobre las emociones como barómetro de la salud espiritual tenga un gran impacto y ofrezca entendimiento a quienes tienen luchan en esta área.
8. Perdonar de corazón	Versículo clave: Mateo 18:33-35 Que todos capten la enseñanza esencial que el perdón es una decisión y que lo debemos hacer de corazón.
Los Pasos hacia la Libertad en Cristo	Versículo clave: Santiago 4:7 Que cada participante aproveche esta oportunidad para apropiarse de su libertad al resolver los problemas personales y espirituales que han surgido a lo largo de su historia.
9. Hacia el siguiente capítulo	Versículo clave: Hebreos 5:12-14 Se aproxima el final del curso. Ora para que estas dos últimas sesiones les ayuden a mantenerse firmes en la decisión de renovar su mente diariamente.
10. Historia de acción	Versículo clave: Jeremías 29:11 Bendice a cada joven adulto que ha hecho el curso y que ha decidido dedicar su vida a Dios.

MIS NOTAS DE ORACIÓN PRIVADA

> Al orar,
> ¿Qué me estás
> diciendo, Señor?

INTRODUCCIÓN A «iGEN»

¿Te cuesta competir con los celulares por la atención de tus adolescentes? ¿Te preocupa el mundo al que se enfrentan hoy? ¿Quieres darles herramientas para que crezcan y den fruto incluso en su juventud? Entonces, «iGEN» es para ti. «iGEN» es un curso de discipulado para adolescentes en video con jóvenes presentadores latinos. Las 10 sesiones de «iGEN» cubren 3 áreas:

LA VERDAD, EL ARREPENTIMIENTO Y LA TRANSFORMACIÓN

Los adolescentes aprenderán la **VERDAD** de quién es Dios, quiénes son ellos en Cristo, y quiénes son sus enemigos – porque conocer la verdad ¡los hará libres!

Para que puedan deshacerse del bagaje que les enreda y experimenten **ARREPENTIMIENTO**, los adolescentes aprenderán a descifrar sus emociones, a perdonar, y lo pondrán todo en práctica mediante los Pasos hacia la Libertad en Cristo para adolescentes. Los Pasos hacia la Libertad en Cristo forman parte de un proceso tranquilo donde dejamos que el Espíritu Santo nos señale lo que está causando problemas en nuestra alma.

Les daremos herramientas para la **TRANSFORMA-CIÓN**. Así, en lugar de perseguir sueños que llenen sus necesidades, correrán el maratón de la vida sumergidos en Cristo, creciendo en madurez y libertad. Las herramientas prácticas que proveemos son espirituales y poderosas, el fruto de las verdades bíblicas. Les permitirá permanecer alerta y bien armados para el sube y baja emocional y la feroz batalla espiritual a la que se enfrentan los adolescentes.

«iGEN» les recordará quiénes son en Cristo. Les abrirá los ojos a toda la realidad. ¡Este es el discipulado basado en la identidad! ¡Este es un discipulado transformador!

«iGEN» está diseñado para adolescentes de 13 a 18 años aproximadamente. También se ha usado con éxito con jóvenes adultos. Cada persona, grupo, país e iglesia son únicos. Tendrás que adaptar los horarios y actividades según tu contexto. Por regla general, los adolescentes más jóvenes suelen tener mucha energía. Puede ser útil comenzar con una actividad, juego o dinámica para romper el hielo, engancharles y centrar su atención. Los adolescentes mayores suelen estar listos para dialogar sin necesidad de una actividad, juego o dinámica.

En «iGEN» ayudarás a los jóvenes a descubrir el lugar y el propósito que Dios tiene para ellos hoy, mañana y el resto de sus vidas. La "i" tiene que ver con la identidad: saber quiénes son realmente y por qué importan. "GEN" se refiere a generación: esta es una generación con un destino porque Dios tiene grandes planes para ellos. «iGEN» les ayudará a establecer el rumbo hacia una vida plena, diferente a la que ofrece el mundo.

¡La oración es muy importante!

IENTO
RANSFORMACIÓN

AL LIDERAR «iGEN»

UNA ORACIÓN PERSONAL

Padre Celestial, dependo de ti al aceptar tu llamado para liderar «iGEN». Por mi cuenta no puedo hacer nada de valor eterno pero, al estar en Cristo, comparto su autoridad para hacer discípulos en la generación de adolescentes de hoy.

Fortaléceme para que, incluso al liderar, yo mismo crezca en mi entendimiento de tu amor y gracia y pueda transmitirlo a los demás. Declaro que tengo un espíritu de poder, amor y dominio propio, y que la palabra de Cristo mora abundantemente en mí. He sido santificado por tu palabra de verdad. Límpiame de toda impureza y úsame como tú quieras al liderar este curso.

En medio de la constante ansiedad e incertidumbre en este mundo, permíteme ser un canal de descanso y renovación para los jóvenes —y a la vez que yo siga avanzando hacia mayor libertad, mayor fruto y tus planes para mí.
En el nombre de Jesús, Amén.

UNA DECLARACIÓN EN EQUIPO

Creemos que tú, Padre, nos has dado «iGEN» en este momento para compartir tu palabra con los jóvenes adolescentes. Las palabras que salgan de tu boca mediante este curso no volverán a ti vacías. Llevarán a cabo el propósito que tú les diste. Ya que estamos sentados en los lugares celestiales, declaramos que Satanás y sus demonios no pueden interferir con el funcionamiento de «iGEN». Te encomendamos, Señor, a cada adolescente que se una al curso. Los bendecimos para que los ojos de su corazón sean abiertos a la verdad y a las asombrosas profundidades de tu amor por cada uno de ellos.

Declaramos que la verdad de tu poderosa palabra será plantada y establecida en _____ [tu iglesia o grupo] y esta generación conocerá la verdad y será hecha libre. Declaramos que tú, Señor, tienes el poder de hacer mucho más de lo que podríamos imaginarnos o pedir. ¡Gloria a ti en la Iglesia! ¡Gloria a ti de generación a generación por los siglos de los siglos! Dios, tú estás aquí con nosotros. No nos abandonarás. No nos dejarás. No nos dejaremos intimidar y no nos preocuparemos.

En el nombre de Jesús bendecimos a cada adolescente, para que termine el curso con la seguridad que ha escuchado de ti y entiende lo que tú le llamas a hacer. Espíritu Santo, derrama esperanza sobre cada joven y su situación particular. Amén.

1 Juan 4:4; 2 Samuel 22; Sal 51; Salmo 19:14; Efesios 3:16; 2 Timoteo 1:7; Colosenses 3:16; Juan 17:17; 1 Juan 2:27; Efesios 3:8; Salmo 91:9-11; 2 Corintios 4:1-7

DIARIO DE ORACIÓN PARA CADA SESIÓN Y LOS PASOS HACIA LA LIBERTAD EN CRISTO

SESIÓN

0. Conoce a los presentadores	Ora por cada adolescente —que se anime a tomar un paso hacia adelante para quitarse la máscara, ser honesto y compartir su historia.
1.¿Quién soy realmente?	Que comprendan que en el fondo de su ser ahora son criaturas completamente nuevas en Cristo, "santos" que son aceptados, seguros e importantes.
2. Aférrate a la verdad	Que entiendan que todos vivimos por fe en algo o en alguien; que la fe según la Biblia se trata de descubrir la verdad de Dios, decidir creerla y vivirla.
3.Nuestros enemigos: EL MUNDO	Que comprendan que los cristianos debemos tomar una decisión firme de abandonar lo que el mundo enseña y creer la verdad de Dios.
4. Nuestros enemigos: LA CARNE	Que asimilen que, aunque aún tenemos la tendencia a ser independientes de Dios y de ignorar al Espíritu Santo, ahora en Cristo tenemos la libertad de elegir depender de Dios y caminar en el Espíritu.
5. Nuestros enemigos: EL DIABLO	Que entiendan que, aunque el diablo nos tienta constantemente a creer mentiras, no tenemos que creer cada pensamiento que nos viene a la mente, sino que podemos contrastarlo con la verdad y decidir si aceptarlo o rechazarlo.
6. La vida emocional equilibrada	Que comprendan la naturaleza emocional y su relación con lo que creemos.
7. La libertad del perdón	Que distingan entre lo que es el perdón y lo que no es, y aprendan a perdonar de corazón.
Los Pasos hacia la Libertad en Cristo para	Bendice esta parte clave del curso, pidiendo al Espíritu Santo que les traiga a la mente cosas que necesitan tratar, para luego pedir perdón y darles la espalda.
8. Cambia tu mente para cambiar tu vida	Que comprendan que apropiarse de su libertad en Cristo y vivir en ella no es una experiencia única; que se motive a implementar una estrategia práctica para renovar su manera de pensar.
9. Las relaciones con los demás	Que entiendan su papel y sus responsabilidades en las relaciones interpersonales, para crecer juntos en Cristo.
10. ¿Hacia dónde vas?	Que evalúen lo que han creído a la luz de la palabra de Dios y hagan los ajustes necesarios a fin de permanecer en el camino de parecerse cada vez más a Jesús.

MIS NOTAS DE ORACIÓN PRIVADA

Al orar,

¿Qué me estás diciendo, Señor?

¿Estás listo?

Woah... es increíble!

INTRODUCCIÓN A LUCEROS

El acercamiento de Libertad en Cristo nos ayuda a todos a ser discípulos que saben quiénes son en Cristo, permitiéndonos disfrutar de todo lo que Dios tiene para nosotros. ¡Luceros hará lo mismo con los niños! Ayudará a niños y niñas a conocer su verdadera identidad en Cristo y a vivir en libertad. Te ayudará a desarrollar niños sólidos que reconocen quiénes son en Cristo, seguros de que tienen un destino que Dios preparó para ellos incluso antes de construir el universo.

La Biblia nos asegura de que el diablo viene a matar la inocencia, robar el destino y destruir vidas. Seguramente conoces la tragedia de un niño que siguió a Jesús durante muchos años, pero se apartó al entrar en la adolescencia. ¿Por qué cuesta tanto que lleguen a ser discípulos adultos? Las razones son numerosas y complejas, pero una razón importante puede ser su (mala) comprensión de lo que significa ser un discípulo de Jesús.

Luceros ayudará a tus hijos a aceptar su identidad en Jesús y a enfrentarse a las cosas que les frenan al crear la oportunidad de un encuentro genuino con Jesús. Llegarán a la comprensión espiritual de que, habiendo hecho todo lo demás, pueden mantenerse firmes - audaces, valientes y resueltos contra toda maquinación del enemigo.

Nos unimos a tu deseo de que tus hijos sean libres y fructíferos en las primeras etapas de su caminar con Cristo. La clave para que Luceros funcione bien y dé el fruto que el Padre desea es preparar el terreno en oración para que su corazón y mente sean abiertos.

«Instruye al niño en el camino correcto, y aun en su vejez no lo abandonará». (Proverbios 22:6 NVI)

«Yo he venido para que tengan vida
y la tengan en abundancia».

(Juan 10:10 NVI)

«Su divino poder, al darnos el conocimiento de aquel que nos llamó
por su propia gloria y excelencia, nos ha concedido todas las cosas que
necesitamos para vivir como Dios manda».

(2 Pedro 1:3 NVI)

un recurso completamente nuevo

LIBERTAD EN CRISTO PARA NIÑOS

LLENO DE cosas impresionantes, geniales :) de DIOS!

¡Ta chán!

LUCEROS

AL LIDERAR LUCEROS

UNA ORACIÓN PERSONAL

Padre, te doy gracias por Luceros. Al prepararme para formar parte del equipo que dirige este curso, me entrego a ti, sea cual sea mi papel. Mantenme a tus pies mientras me preparo para liderar, ayudar y servir con humildad y sensibilidad.

Reconozco que no puedo dar lo que no tengo - por favor ayúdame a ser amable, paciente, un buen oyente, y capaz de reflejarte, Jesús. Por mi cuenta no puedo hacer nada que marque una diferencia, pero me apoyo en la verdad de que toda autoridad en el cielo y en la tierra ha sido dada a Cristo resucitado, y al estar en Cristo, comparto esa autoridad para ayudar a los niños a convertirse en discípulos y guiarlos a la libertad.

Gracias porque me has limpiado de mi pecado. Al declarar tu palabra a estos niños en tu fuerza y poder, por favor lléname de nuevo con tu Espíritu Santo. Porque he hecho mi morada en ti, tu promesa es que ordenarás a tus ángeles que me cuiden en todos mis caminos.

Invoco el reino del Señor Jesucristo nuevamente hoy en mi vida, mi hogar, mi familia, mi trabajo, y en todo lo que hago dentro del ministerio de hacer discípulos en mi iglesia. En el nombre de Jesucristo. Amén.

UNA DECLARACIÓN EN EQUIPO

Padre, declaramos el señorío de Jesús sobre nuestro curso de Luceros. Gracias porque tú deseas que nuestros niños sean edificados, sólidos y capaces de reconocer quiénes son en Cristo. Invitamos la unción del Espíritu Santo sobre este curso y sobre nosotros como equipo, al prepararlo y al dirigirlo. Gracias por cada niño que nos has confiado.

En tu nombre, Jesús, y en la autoridad que nos has dado, declaramos nulo(a)s todas y cada una de las estrategias del enemigo contra nuestro equipo o contra cualquier niño. Nos oponemos a toda maquinación para robar o destruir los planes de Dios para este curso.

Da discernimiento a cada niño para identificar y tratar las mentiras, los asuntos no resueltos y el pecado no confesado. Los bendecimos con un encuentro contigo, Jesús, para que sean valientes, audaces y decididos contra todo dardo incendiario del enemigo.

Por favor derriba toda mentira en la que creen. Levanta en nuestra iglesia un ejército de niños que hayan tenido un encuentro real contigo, Jesús, y que formarán parte de la generación que cambie el mundo. Amén.

1 Juan 4:4; 2 Samuel 22; Salmo 51; Salmo 19:14; Efesios 3:16; 2 Timoteo 1:7; Colosenses 3:16; Juan 17:17; 1 Juan 2:27; Efesios 3:8; Salmo 91:9-11; 2 Corintios 4:1-7

DIARIO DE ORACIÓN PARA GUIAR EL CURSO DE LUCEROS

SESIÓN

1. Soy especial, estoy seguro y soy aceptado	Ora por los niños - que comprendan todo lo que Dios quiere para ellos. Que, al ver a Adán y Eva, entiendan cómo Jesús vino a devolvernos la vida que perdimos por su culpa
2. Soy una nueva criatura	Que los ojos de su corazón sean abiertos para ver que, gracias a lo que Jesús hizo por nosotros, somos nuevas criaturas en Cristo que pueden entrar confiadamente a la presencia de Dios.
3. Puedo confiar en Dios Padre	Ora para que entiendan que lo que determina la eficacia de su fe es en quién o en qué ponen su fe. Que comprendan que pueden confiar en Dios su Padre.
4. Puedo elegir ver las cosas como Dios dice que son	Mientras exploran cómo es que ven el mundo, ora por los líderes que les enseñan a ver el mundo desde la perspectiva de Dios.
5. Puedo tomar buenas decisiones con la ayuda de Dios	Que los niños comprendan que tienen un corazón nuevo y un espíritu nuevo y que pueden elegir vivir como Dios quiere, guiados por el Espíritu Santo.
6. Puedo elegir tener buenos pensamientos que vienen de Dios	Que cada niño tenga paz al aprender sobre los bastiones - patrones de pensamiento fuertes y arraigados - y que decidan renovar su mente de acuerdo con la verdad de las Escrituras.
7. Puedo ganar la batalla por mi mente	Ora por protección y comprensión de que están en una batalla espiritual —que cada día se enfrentan a una batalla por su mente, que tienen un enemigo espiritual - pero seguros en su asombrosa posición en Cristo que les prepara para ganar.
8. Puedo tener paz porque Dios me ayuda en medio de mis sentimientos	Que se den cuenta de que cuanto más se comprometan con la verdad y elijan creer que lo que Dios dice es verdad, menos se dejarán llevar por sus sentimientos.
9. Puedo perdonar a otros	Que logren una comprensión verdadera del perdón que les libere de su pasado y sane su dolor emocional. En esta sesión se explicará esto y se les dará la oportunidad de perdonar de corazón. Pide unción sobre este tiempo.
El Sendero de Luceros (Pasos hacia la Libertad en Cristo para Niños)	Que, al ser guiados por los Pasos hacia la Libertad en Cristo, los niños conecten con el amor de su Padre celestial.
10.Puedo vivir cada día caminando en las verdades de Dios.	Al acercarse al final del curso, que cada niño entienda que necesita seguir renovando su mente y aprender a distinguir entre el bien y el mal.
El nombramiento de Luceros	Marca el fin del curso de los niños y les da la oportunidad de decirle a Dios que quieren seguirlo por el resto de sus vidas. Entonces se les nombra Luceros. Pide bendición sobre cada niño y sobre la celebración.

MIS NOTAS DE ORACIÓN PRIVADA

Al orar,
¿Qué me estás
diciendo, Señor?

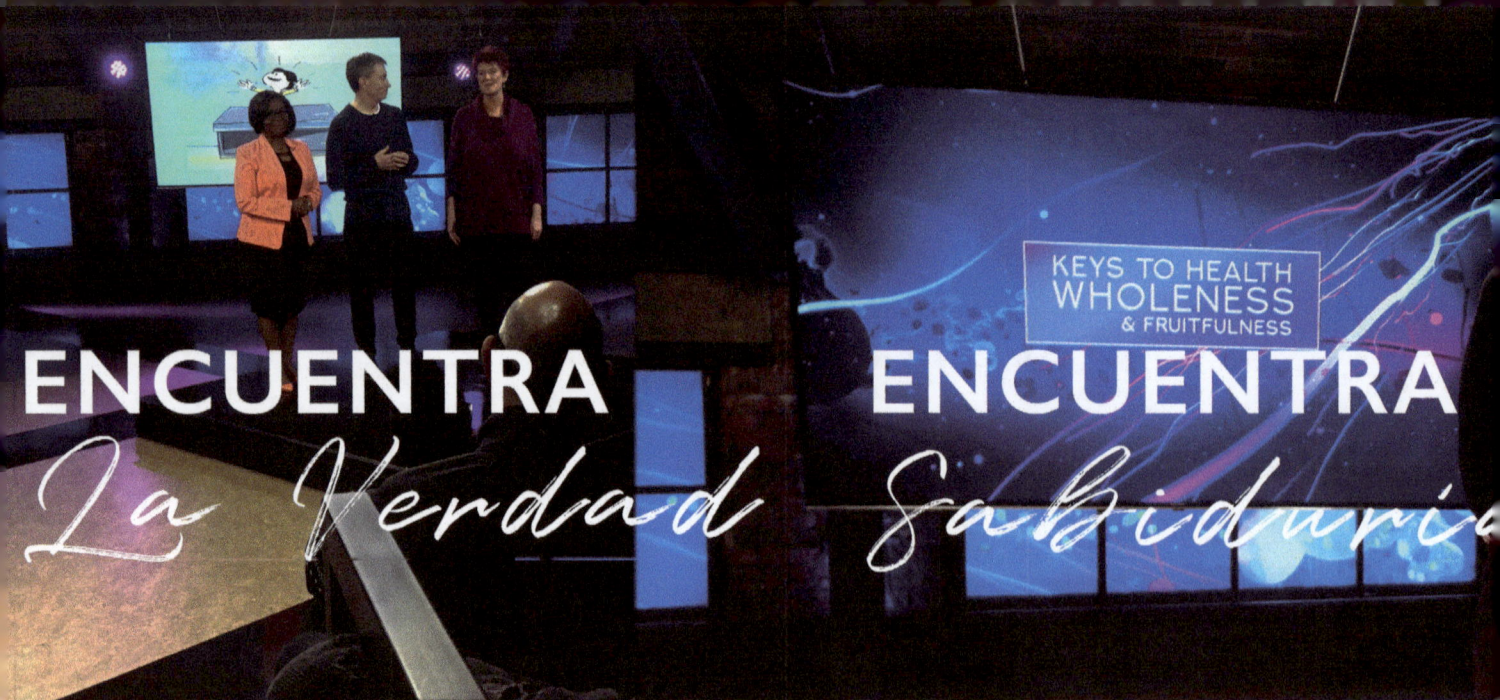

ENCUENTRA *La Verdad*

ENCUENTRA *Sabiduría*

KEYS TO HEALTH
WHOLENESS
& FRUITFULNESS

INTRODUCCIÓN A LAS CLAVES DE UNA VIDA SALUDABLE, PLENA Y FRUCTÍFERA

Las claves para una vida saludable, plena y fructífera es ideal para grupos pequeños o individuos. Combina la verdad de la Biblia y la sabiduría del mundo médico para enseñarnos a ser discípulos sanos y plenos cuyas vidas contribuyan al Reino.

Anhelamos que el curso ayude a los participantes a comprender mejor cómo cuidar de todo su ser: espíritu, mente y cuerpo; a descubrir la raíz de los problemas de salud que experimentan; a vivir bien, aunque haya limitaciones; a deshacerse del estrés, la ansiedad y el temor; a tratar con sus hábitos y descubrir por qué no hay que temer a la muerte. El curso incluye un Plan de Ocho Puntos que será de mucho provecho para asegurarse de que han hecho todo lo que está bajo su responsabilidad espiritual en relación con su salud y su integridad.

Cada uno de nosotros es «una creación admirable y maravillosa». (Salmo 139:14 NIV)

Hemos recibido el «Espíritu de la verdad». (Juan 16: 13 NIV)

«Oro para que te vaya bien en todos tus asuntos y goces de buena salud, así como prosperas espiritualmente». (3 Juan 2 NVI)

RICHARD ALTY

"

Durante años, cada vez que organizábamos un curso de Libertad en Cristo, alguien que estaba orando por el curso (una persona diferente cada vez) se nos acercaba y decía: «Dios quiere que sepan que todo lo que tienen que hacer es organizar el curso: ustedes no son responsables de los resultados, ¡Él lo es!». O a veces, cuando orábamos como equipo de liderazgo del curso, lo mismo surgía en nuestras oraciones. Esa sensación de que lo que teníamos que hacer era ofrecer el curso a Dios, por muy bien (o mal) que estuviera organizado, y permitirle al Espíritu Santo el espacio para hacer lo que sólo él puede hacer, fue increíblemente liberador y motivador. Nos liberó para encargarnos de los detalles que nos correspondían y luego descansar y ver cómo Dios transformaba vidas, ¡y siempre lo hacía!

AL DIRIGIR LAS CLAVES DE UNA VIDA SALUDABLE, PLENA Y FRUCTÍFERA

UNA ORACIÓN PERSONAL

Padre Celestial, gracias por Las Claves de una vida Saludable, Plena y Fructífera y por la oportunidad que tengo de liderar este curso en mi iglesia.

Deseo de todo corazón que me uses para ayudar a traer libertad a muchas personas. Por favor límpiame de todo aquello que pueda ser un tropiezo o que pueda estropear tu imagen en mí o cómo te reflejo a ti. Quiero ser tu siervo y cumplir con el llamado que me has dado.

Mientras acompaño a otras personas, por favor muéstrame toda creencia arraigada y defectuosa de la que no soy consciente, y cómo esas creencias han afectado mi diario vivir.

Ayúdame a ver que yo no fui un «accidente», que no soy huérfano, sino que tú trazaste mis días incluso antes de nacer.

Además, ¡ayúdame a hablar de mí mismo del modo que tú hablas de mí!

Como parte del equipo, te doy gracias por lo que harás en y a través de este curso en cada miembro de mi iglesia que asista.

Por la transformación de mi corazón y la de los demás, te doy toda la gloria, y pongo en tus manos todo lo que soy y tengo. Amén.

UNA DECLARACIÓN EN EQUIPO

Padre Celestial, gracias por Las Claves de una vida Saludable, Plena y Fructífera y por la oportunidad que tenemos de dirigir este curso en nuestra iglesia.

Como pueblo de Dios que está sentado en los lugares celestiales, declaramos que el diablo y sus demonios no pueden interferir de manera alguna en el desarrollo de nuestro curso. Nos oponemos a todo plan de robar, matar o destruir lo que Dios ha planeado para nuestro pueblo en estos días. Jesús ha venido para que todos podamos tener vida y tenerla en plenitud.

Levantamos en oración a cada participante para que experimenten tu amor por ellos como personas íntegras: espíritu, mente y cuerpo. Nos ofrecemos a ti como sacrificio vivo, para ser las personas que tú nos has llamado a ser, y para hacer las obras que tú has preparado. Por favor, libéranos de sentir que tenemos que dar la talla, complacerte, esforzarnos por llamar tu atención, proveer para nuestras necesidades, o que tú no te preocupas por nosotros.

Gracias porque ya nos has dado todo lo que necesitamos para la vida y la piedad. Nada de lo que ha sucedido en el pasado puede cambiar nuestra identidad en ti, Jesús. Independientemente de lo que otros nos hayan hecho, somos santos y limpios.

Como equipo te damos gracias por lo que harás en y a través de este curso. Te damos toda la gloria hoy, por los corazones transformados y las vidas cambiadas, que no terminan con el curso, ¡sino que continúan por la eternidad! Amén.

2 Pedro 1:3

DIARIO PARA LAS CLAVES DE UNA VIDA SALUDABLE, PLENA Y FRUCTÍFERA

SESIÓN

1.Creados con un propósito	Versículo clave: Efesios 2:10 Que cada participante entienda que la buena salud física no es un fin en sí mismo, sino un medio para ayudarnos a ser y hacer todo lo que Dios ha planeado para nosotros y que la sanidad duradera viene de descubrir la raíz de un problema particular y resolverlo.
2. Espiritualmente vivo	Versículo clave: Juan 10:10 Que vean los beneficios de que nuestro espíritu esté conectado al Espíritu de Dios, que tomen conciencia de lo peligroso que es desconocer esos beneficios y que entiendan cómo eliminar toda influencia del enemigo.
3. Mente sana	Versículo clave: Romanos 12:2 Que la paz cubra a cada persona al aprender que los acontecimientos traumáticos del pasado no son en sí mismos el problema, sino las mentiras que éstos les hicieron creer.
4. Emociones saludables	Versículos de enfoque: Gálatas 5:22-23 Que comprendan en profundidad por qué Dios nos dio emociones; cómo ellos pueden, con el tiempo, cambiar las emociones negativas en positivas; y comprensión del punto clave del perdón.
5. Libres para elegir	Versículos de enfoque: Juan 8:34-36 Que todos asimilen la verdad de que cada decisión tienen consecuencias y que Dios se deleita en la obediencia. Que, aunque son libres, pueden volver a la esclavitud. Que la verdad, el arrepentimiento y la transformación capacitan a todo cristiano para resolver los problemas del pecado.
6. Sacrificio vivo	Versículo clave: Romanos 12:1 Que entiendan que necesitamos cuidar bien de nuestro cuerpo porque Dios lo creó, porque es el templo del Espíritu Santo y porque nos permite hacer las obras que Dios preparó de antemano.
7. Morir es ganancia	Versículo clave: Hebreos 2: 14-15 Que logren alinear su pensamiento con la verdad de Dios sobre los temas del temor y la muerte para que puedan vivir como discípulos fructíferos.
8. ¿Me sanará Dios?	Versículo clave: Juan 15:16 Que cada persona experimente la cercanía de Dios al meditar en lo que significa ser verdaderamente santos y aprenden cómo afrontar los problemas de salud que surjan.
Los Pasos hacia una vida saludable, plena y fructífera	Versículo clave : Santiago 4: 7 Bendice a cada participante – hoy piden al Espíritu Santo que les muestre toda área de su vida en la que han cedido un punto de influencia al enemigo a través del pecado, el trauma y/o la falta de perdón. Que logren alinear sus creencias con lo que Dios dice que es verdad sobre sí mismo y sobre ellos.

MIS NOTAS DE ORACIÓN PRIVADA

Al orar,
¿Qué me estás
diciendo, Señor?

"Come to me, all who labour and are heavy laden, and I will give you rest. Take my yoke upon you, and learn from me, for I am gentle and lowly in heart, and you will find rest for your souls. For my yoke is easy, and my burden is light."

Matthew 11:28-30

INTRODUCCIÓN AL CURSO DE LA GRACIA

Aceptar la asombrosa gracia que Dios nos extiende es un enorme desafío, tanto si llevamos años en la fe como si acabamos de rendirnos a Jesús. Dios no quiere que vivamos en auto-condenación, en la oscuridad de la culpa, la vergüenza, el temor y el legalismo —sin embargo, el mundo intenta convencernos de que eso es lo que merecemos. El Curso de la Gracia ayuda a los participantes a asimilar que somos hijos adoptados, perdonados y vivos para siempre en Cristo. ¡Podemos vivir cada día como hijos amados!

Como todos nuestros cursos, es flexible y se puede usar de diversas maneras, ya sea en grupo o individualmente. Funciona muy bien como seguimiento del Curso de Libertad en Cristo o «Disciple». Se basa sobre los fundamentos de la identidad, de volver a Jesús en arrepentimiento y fe, y de ser transformado por la renovación de la mente. Cubre áreas importantes con mayor profundidad: la culpa, la vergüenza, el temor, el orgullo, ministrar desde el descanso, y se basa en los evangelios más que en las epístolas.

Esperamos que disfrutes de ayudar a otros a vivir libres bajo la gracia de Dios y que den mucho fruto que dure para siempre. Nuestra oración es que, en cada sesión, el Espíritu Santo te ayude a guiar a los participantes hacia nuevas revelaciones de la verdad, una verdad que cambia corazones. Anhelamos que el Espíritu de Dios se derrame cada semana sobre tu curso para que los ojos de cada corazón se abran.

«En amor habiéndonos predestinado para ser adoptados hijos suyos por medio de Jesucristo, según el puro afecto de su voluntad, para alabanza de la gloria de su gracia, con la cual nos hizo aceptos en el Amado» (Efesios 1:5,6 NVI)

«Como ellos, creemos que somos salvos por la gracia de nuestro Señor Jesús». (Hechos 15:11 NVI).

«Sin embargo, en su gracia, Dios gratuitamente nos hace justos a sus ojos por medio de Cristo Jesús, quien nos liberó del castigo de nuestros pecados».

(Rom 3:24)

DA MUCHO fruto
DESCUBRE La Gracia

EL CURSO DE LA GRACIA
LIBERTADENCRISTO.ORG

AL DIRIGIR EL CURSO DE LA GRACIA

UNA ORACIÓN PERSONAL

Padre Celestial, gracias por el Curso de la Gracia y esta oportunidad de ayudar a dirigirlo. Al prepararme, por favor arráigame profundamente en ti, para atesorarte sobre todos los demás. Para que yo considere basura todo conocimiento, logros, posiciones, y poderes, comparados con el premio de conocerte.

Límpiame de toda obra hecha independientemente de ti, de todo esfuerzo por llenar ciertos estándares y de depender de acciones externas que sólo me alejan de ti.

Permíteme vivir confiado que te gozas y deleitas en mí, para que mi gozo y deleite en ti sean plenos, completos y desbordantes.

Me someto a ti, me recubro de tu Sangre, y me revisto de la armadura de Dios.

Dame palabras de paz y gracia mientras lidero este curso. Ayúdame a dar ánimo para que las personas deseen acercarse a ti y encontrar la libertad que tu hijo, Jesús, ganó para ellos.

Lléname de tu Espíritu hoy y cada día. Amén.

UNA DECLARACIÓN EN EQUIPO

Padre Celestial, establece la verdad de tu poderosa palabra en nuestra iglesia mediante el Curso de la Gracia para que tus hijos conozcan la verdad y sean hechos libres. Creemos que tú lo usarás para acercarnos más a ti al darnos cuenta de nuestra verdadera identidad en ti. Tú has decretado que tu palabra no regresará a ti vacía, sino que cumplirá tus deseos y propósitos.

A través de este curso, por favor visita nuestra iglesia con una revelación de quién eres. Jesús, permítenos recibir tu yugo ligero y fácil que nos trae descanso. Capacítanos para desechar todo yugo que nos vuelva a esclavizar, y renunciamos a la vergüenza, la culpa, el temor y el orgullo.

Espíritu de sabiduría y revelación, por favor libera a cada persona de la pesada carga del perfeccionismo y el esfuerzo. Imparte una comprensión renovada de lo que es el perdón y la seguridad de la salvación a todos los que te invocan.

Declaramos que todas y cada una de las estrategias del enemigo contra el Curso de la Gracia no prosperarán y serán anuladas. Señor, afirmamos que el Curso de la Gracia viene de ti; es obra tuya; y es maravilloso a nuestros ojos.

En el nombre de Jesucristo nuestro Señor, Amén.

DIARIO DE ORACIÓN PARA EL CURSO DE LA GRACIA

SESIÓN

1. ¡Libre!	**Versículo clave: 1 Samuel 16:7** Que las personas se relajen, que la tecnología funcione bien, que los ojos y oídos espirituales sean abiertos, que las personas entiendan su nueva identidad como hijos y no como esclavos. Rechaza la confusión, la distracción, la desorientación y el mareo. Ora para que los «pródigos» vuelvan «a casa».
2. ¡Libre de culpa!	**Versículos de enfoque: Colosenses 2:13-14** Que asimilen el perdón; que sean libres de la culpa y que reciban la seguridad de la salvación. Que Dios Padre se manifieste en su gracia y misericordia y que el Espíritu Santo colme a todos de gozo y paz.
3. ¡Libre de vergüenza!	**Versículo clave: 2 Corintios 5:21** Que todos crezcan en hambre y sed de Dios; que todo engaño en cuanto a la identidad en Cristo sea expuesto; que cada persona reciba un «nombre nuevo» en Cristo, y que los pecados habituales sean rotos. Que la discusión en grupo sea de apoyo y aliento.
4. ¡Valiente!	**Versículo clave: Josué 1:9** Que el amor del Padre descanse sobre cada uno y eche fuera el temor; que la respuesta a la palabra de Dios sea la fe, trayendo libertad de la ansiedad y el temor; y que todo espíritu de temor sea expulsado. Que en el grupo compartan testimonios que edifiquen la fe. Que no haya obstáculo a que la gente asista al retiro de la próxima semana.
5. ¡Humilde!	**Versículos de enfoque: Mateo 22:37-40** Ora por la salud de cada participante y de su familia. Que los corazones se arrepientan de todo esfuerzo de vivir bajo la ley para lograr ser aceptados. Que aumente el anhelo de unidad en el cuerpo de Cristo. Que los «hermanos mayores» vuelvan a «casa».
Los Pasos para experimentar la Gracia de Dios	**Versículo clave: Santiago 4:7** Cubre a todo el grupo y sus familias con oraciones de protección. Ruega por un espíritu de sabiduría y revelación, por valor y fuerza para terminar el día. Que cada persona sea libre de todo lo que le retiene.
6. ¡Fructífero!	**Versículo clave: Juan 15:5** Que la nueva libertad de cada persona se exprese en adoración y servicio a Cristo y a los demás. Que las semillas sembradas estas últimas seis semanas produzcan mucho fruto. Dale gloria a Dios Padre por todo lo que ha hecho.

MIS NOTAS DE ORACIÓN PRIVADA

Al orar,
¿Qué me estás
diciendo, Señor?

INTRODUCCIÓN AL CURSO LIBRES PARA LIDERAR

El propósito de Libres para Liderar es que llegues a ser el líder que Dios diseñó. Nuestra sociedad necesita desesperadamente un liderazgo cristiano auténtico para resolver los problemas actuales, ya sean personales, sociales, económicos o incluso mundiales. Sin embargo, las mismas personas que necesitan un verdadero liderazgo son las que, consciente o inconscientemente, lo socavan, atacan, sabotean y destruyen, ¡Y por eso el liderazgo es tan difícil!

Nuestro anhelo es que Libres para Liderar transforme tu liderazgo y el de otros líderes de tu entorno. A lo largo del curso, serás liberado de la impulsividad, la «ansiedad por el rendimiento» y el agotamiento; liderarás a partir de tus puntos fuertes y comprenderás la naturaleza de la batalla espiritual por el liderazgo, a la vez que superarás las barreras a un liderazgo eficaz. Los líderes que son libres son auténticos, genuinos y se convierten en el tipo de personas a quienes queremos seguir.

La oración será vital al prepararte para dirigir Libres para Liderar. Después de todo, este curso capacita a los líderes para desarrollar todo lo que Dios tiene para ellos. Y a la vez los anima a levantar a más líderes cristianos para lo mismo. Nuestra oración es que tú, y aquellos que dirijas en este curso, se unan a una gran compañía de líderes que cambien el mundo y extiendan el reinado de Cristo en cada área de la sociedad. Amén.

«Te recomiendo que avives la llama del don de Dios que recibiste cuando te impuse las manos». (2 Timoteo 1:6 NVI)

«Vengan, síganme —les dijo Jesús—, y los haré pescadores de hombres». (Mateo 4:19 NVI)

«Por encima de todo, vístanse de amor, que es el vínculo perfecto». (Colosenses 3:14 NVI)

A R T
MOORE

Recuerdo la influencia de la oración la primera vez que me invitaron a impartir un par de sesiones de Libres para Liderar en un retiro de líderes nacionales. Llegué nervioso, aunque lleno de esperanza, gozo y expectativas. Entonces me informaron de que un director y un empleado de la empresa que yo dirigía se habían enredado en un intercambio acalorado de correos electrónicos y comentarios verbales. Compartí esto con el equipo y me dijeron que era de esperar que el enemigo intentara perturbar mi debut nacional de Libres para Liderar y otras oportunidades en el futuro. Me aconsejaron que me pusiera en contacto con nuestro equipo de oración de emergencia para contener la situación y para que yo pudiese quedarme hasta el final. Dios fue fiel y respondió a nuestras oraciones, y esa experiencia me enseñó la necesidad de cubrir todas y cada una de las sesiones de enseñanza en oración antes de empezar.

DIOS TE *Creó* PARA SERLO

CURSO LIBRES PARA LIDERAR
LIBERTADENCRISTO.ORG

AL DIRIGIR EL CURSO LIBRES PARA LIDERAR

UNA ORACIÓN PERSONAL

Padre Celestial, gracias por Libres para Liderar, y esta increíble oportunidad que tengo de ayudar a dirigirlo en mi iglesia.

Tú eres el Señor de mi vida. Quiero conocer y hacer tu voluntad al ayudar a dirigir este curso. Hazme un conducto de tu paz. Gracias porque tengo la mente de Cristo. Por favor, dirígeme y guíame en todo lo que diga y haga durante este curso. Me pongo toda tu armadura y me mantengo firme en ti. Ayúdame a ser vulnerable, auténtico y honesto en todo lo que aporte.

Gracias por tu llamado y por equipar a quienes llamas. Confío completamente en ti, Dios. Dame un corazón maleable para aceptar todo lo que tú quieres que sepa y crea. Que mis pensamientos, palabras y acciones te agraden. Por favor escudriña mi corazón y muéstrame si hay algo que te ofende.

Gracias por todo lo que harás a través de Libres para Liderar. Renuncio a toda ansiedad o temor sobre mi desempeño. Este curso se centra en ti, Jesús, no en mí. Lléname de tu Espíritu Santo y úngeme para esta maravillosa oportunidad. Amén.

UNA DECLARACIÓN EN EQUIPO

Padre Celestial, gracias por Libres para Liderar en nuestra iglesia en este momento y por cada líder que se ha inscrito. Declaramos que tú, Jesús, eres el mejor líder que existió jamás y que tú moras en cada líder que asiste al curso. Por favor revéles tu verdad y quién eres en ellos. Gracias, Padre, que has llamado y entregado dones a cada uno. Bendecimos a cada líder para que avive la llama del don que tú le has dado.

Abre corazones y espíritus para que comprendan que su liderazgo implica tanto lo que son como lo que hacen. Por favor, aliéntales y fortaléceles en la situación particular de cada uno.

Declaramos a los enemigos del Señor Jesucristo que Jesús ha preparado el camino y que cada líder que asista está seguro en su mano. Declaramos una cobertura de protección sobre este curso y sobre cada líder. Nos oponemos a todo ataque demoníaco de confusión, distracción, o malicia. También declaramos una cobertura de protección sobre de nuestras familias, nuestras interacciones, nuestro trabajo y nuestra iglesia. Gracias, Padre, por los propósitos de tu reino en nosotros en estos días. Visítanos con tu presencia, tu poder y tu amor inagotable a través de Libres para Liderar. Amén.

1 Corintios 2:16; Filipenses 2:3; Salmo 139:23,24; 2 Timoteo 1:6,7

DIARIO DE ORACIÓN PARA LIBRES PARA LIDERAR

SESIÓN

1. La aventura del liderazgo	Durante la introducción a los principios fundamentales de Libertad en Cristo, que esos principios les sea de ánimo, especialmente para quienes han tenido dificultades o sienten que han fracasado como líderes.
2. El auténtico liderazgo cristiano	Al aprender sobre estilos de liderazgo, resultados del liderazgo y si los líderes «nacen» o «se hacen», que obtengan revelación de que el liderazgo cristiano genuino no depende de cómo llegaron a ser líderes, sino de que han nacido de nuevo en Cristo.
3. Ser y Hacer	Que cada líder comprenda la dinámica del ser y el hacer - el meollo del liderazgo basado en la identidad.
4. Liderar en tu contexto	Ora por claridad y comprensión en esta sesión que presenta uno de los contextos del liderazgo denominado «sistema humano». Que cada líder tenga el valor de compartir su experiencia.
5. Construir sistemas saludables	Ora por paz para cada corazón durante esta sesión que trata el problema de la ansiedad.
6. Superar la ansiedad personal	Que cada líder abra su corazón para poder identificar estrategias claras y específicas para resolver la ansiedad personal y que su esperanza sea renovada.
7. Superar la ansiedad grupal	Que comprendan cómo la ansiedad afecta a los sistemas humanos; que Dios use el material para darles estrategias claras y específicas para resolver la ansiedad en sus sistemas humanos.
8. Construir la confianza	Ora por compañerismo genuino en los grupos pequeños al discutir el impacto de la confianza en el liderazgo. Que los líderes aprendan cómo crear confianza y cómo restaurarla cuando se ha quebrantado. Ora por sanidad y restauración en las relaciones donde ha habido desconfianza.
9. Superar las trampas personales	Que los participantes puedan elaborar estrategias para superar las trampas personales más comunes que afectan su liderazgo.
10. Superar las trampas grupales	Que haya apertura al examinar las trampas grupales o «sistémicas» más comunes que afectan a líderes y sus sistemas humanos, y las estrategias para superarlas.
Los Pasos hacia la Libertad en Cristo para Líderes	Ora por cada líder – que nada le impida asistir a esta sesión especial. Que identifiquen y resuelvan las puertas abiertas al enemigo que obstaculizan su liderazgo; que sigan identificando las áreas donde su sistema de creencias es defectuoso para que continúen renovando su mente. Bendice a cada líder que regresa a su iglesia/ministerio/organización; que siga caminando en la libertad obtenida mediante Libres para Liderar.

MIS NOTAS DE ORACIÓN PRIVADA

Al orar,
¿Qué me estás
diciendo, Señor?

CÓMO ORAR POR TU CITA O RETIRO DE LOS PASOS

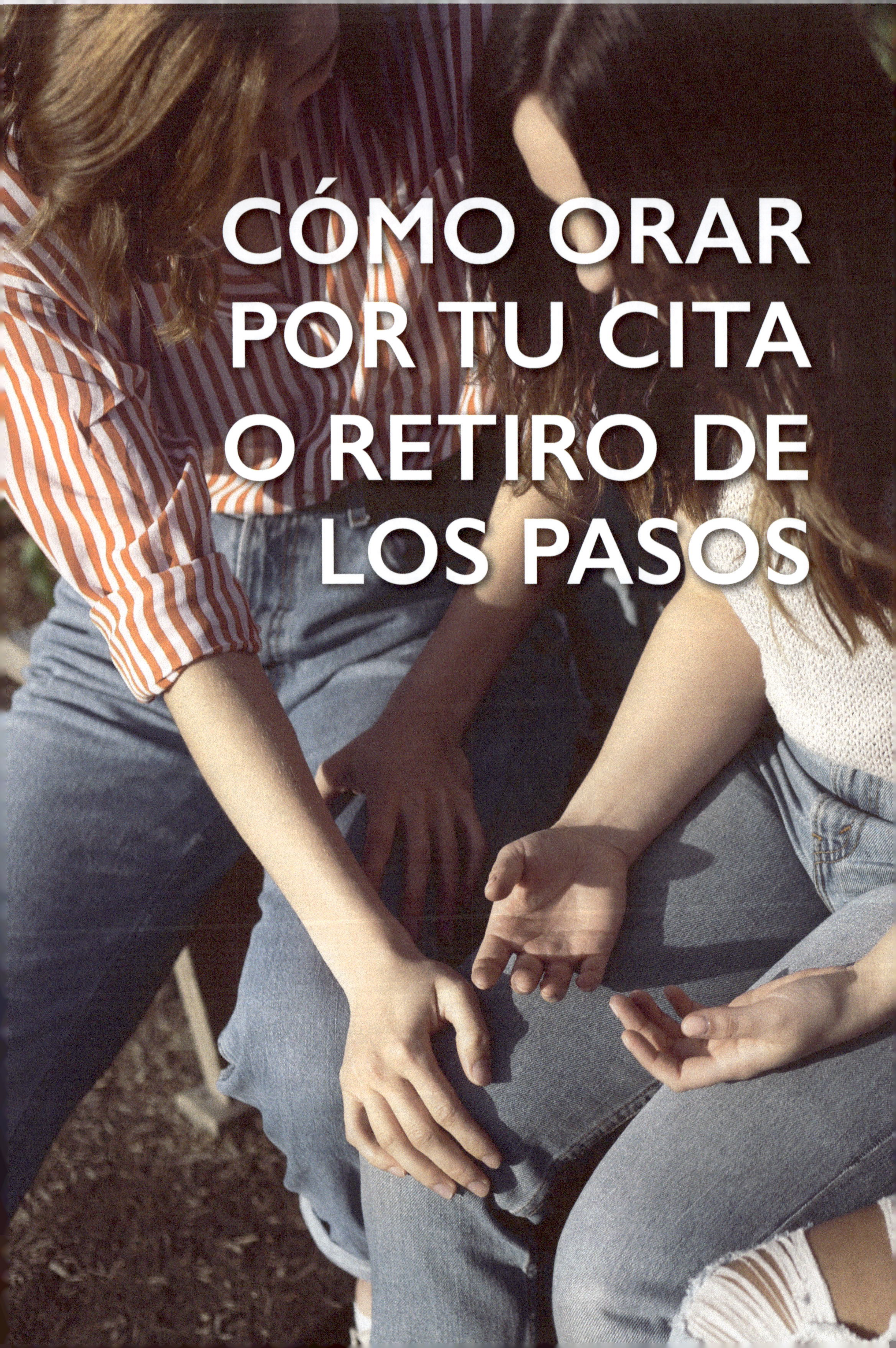

Como sabes, hay dos formatos para llevar a la gente por «Los Pasos», ya sea Los Pasos hacia la Libertad en Cristo, Los Pasos para experimentar la Gracia de Dios, Los Pasos de Libres para Liderar, o los Pasos hacia una vida saludable y plena. Independientemente del formato que utilices para «Los Pasos», es esencial que te asegures de fundar, cimentar y rodear todo el proceso en oración.

Es importante recordar quién es responsable de qué. En este proceso las personas ponen en práctica el someterse a Dios y resistir al diablo (Santiago 4:7). Es posible que quieran que ores por ellas, que está bien, pero resiste la tentación de prolongarlo o permitir que echen sobre ti su responsabilidad. Cada uno es responsable de arrepentirse, renunciar, perdonar, soltar, declarar y mantenerse firme. No podemos hacerlo por otra persona.

Si tú facilitas la cita individual o el retiro, asegúrate de estar conectado a Dios y de orar en el Espíritu. Entrégate a Dios y considera ayunar ese día. Si tienes algún problema de salud o tomas medicamentos, asegúrate de consultar con tu médico de cabecera antes de ayunar.

En la Guía del Líder de cada curso hay instrucciones para dirigir «Los Pasos», pero aquí nos enfocamos en cómo cubrirlos en oración, independientemente del formato que utilices.

No olvides:

• Prepárate individualmente para dirigir la cita individual/ el retiro

• ¡Recuerda vestirte de la armadura de Dios!

• Reúnanse con antelación para orar como equipo del retiro o con el Facilitador/Intercesor de la cita individual.

• Ora en el salón que vayas a utilizar, o por *zoom* si tu curso es *online*.

• Para un retiro, distribuye a tu equipo por el salón para cubrir a todos en oración a lo largo del día o para apoyar a un participante si es necesario.

• Ten en cuenta la batalla espiritual a la que tú y los participantes se enfrentan hoy. Puede que tú te sientas mal, tengas dolor de cabeza, dudas o experimentes distracciones del enemigo. Recuerda llevar cautivo todo pensamiento y pedir que tu equipo ore por ti.

• Al final toma el tiempo para dar gracias a Dios por todo lo que ha hecho en respuesta a tus oraciones.

• El Facilitador y el Intercesor pueden usar la Oración para terminar Los Pasos después de que la persona se haya ido.

CÓMO PREPARARSE EN ORACIÓN PARA LOS PASOS

UNA ORACIÓN PARA EMPEZAR EL RETIRO/ LA CITA INDIVIDUAL DE LOS PASOS

Padre Celestial, gracias por este precioso día que tenemos por delante. Humildemente nos encomendamos a ti. Límpianos de todo aquello que nos separa de tu presencia y perdónanos. Reclamamos este lugar (salón, auditorio, capilla) como lugar santo, apartado para tus propósitos en _____ [nombra cada participante] hoy. Jesús, reclamamos tu sangre sobre nuestra vida, este lugar y todo este proceso. Nos vestimos de la armadura de Dios.

Bendecimos a _____ con valor para enfrentarse a lo que tú quieres que confiesen, renuncien, perdonen y suelten. Por favor saca a la luz toda mentira y llena nuestros corazones de tu paz. Nos oponemos a toda distracción, malentendido o división que intente socavar tus propósitos para este día.

Jesús, te colocamos en el centro de nuestro tiempo juntos y te agradecemos por todo lo que harás por _____ al seguir la dirección de tu Espíritu.

Nos sometemos a ti Padre, y resistimos al diablo. Declaramos que nada se interpondrá a tu voluntad en la vida de _____ hoy. Amén.

UNA ORACIÓN PARA TERMINAR TU RETIRO/ CITA INDIVIDUAL DE LOS PASOS

Señor Jesús, gracias por el privilegio de colaborar con tu maravilloso ministerio de liberar a los cautivos y por la verdad y la libertad que hemos visto hoy.

Al terminar, por favor límpianos de toda negatividad, duda, temor o preocupación sobre nuestro desempeño como Facilitador o Intercesor. Declaramos que tú eres central, Jesús, y no nosotros. Tú eres quien da libertad. Si en algo el enemigo intenta oprimirnos, rechazamos esa opresión y la enviamos directo a Jesucristo para que él trate con ella. Que no vuelva a nosotros. Espíritu Santo, fortalécenos en nuestra debilidad o cansancio y vístenos de tu luz y vida. Por favor, manda a tus ángeles a ministrarnos y a ministrar a nuestras familias. Guarda y protege nuestro hogar, trabajo, amistades, familia, iglesia y posesiones. Protege al ministerio de Libertad en Cristo y a nuestra iglesia de toda represalia del enemigo.

Encomendamos a tu cuidado a _____ y te pedimos que los fortalezcas para mantener su libertad; mantén abiertos los ojos de su corazón a una revelación continua de quién eres y de quiénes son en ti. Al marchar, protégenos en nuestro trayecto a casa y durante los días que siguen. Te alabamos ahora y siempre, Padre, Hijo y Espíritu Santo, Amén.

EL PAPEL DEL INTERCESOR EN UNA CITA DE LOS PASOS

Un miembro vital del equipo es el Intercesor, quien se compromete a orar (¡con los ojos abiertos!) por el Facilitador y por la persona que busca libertad durante una cita individual. Debe llegar a la sesión con una actitud de oración y sentarse en silencio. Su presencia es inestimable.

Recomendaciones para el Intercesor:

- **No recomendamos orar en voz alta:** el Intercesor debe ser sensible a la comodidad de la persona y evitar distraerla.
- **No recomendamos orar en voz alta en lenguas:** es posible que la persona no esté cómoda con ello y puede distraer su atención hacia el Intercesor en lugar de enfocarse en el Señor.
- **Recomendamos orar con los ojos abiertos:** para que el Facilitador y el Intercesor puedan mantener el contacto visual y también para que el Intercesor pueda ver el rostro de la persona que busca libertad. Además, si la cita se prolonga, es difícil mantener la atención y la concentración con los ojos cerrados.
- **Palabras de conocimiento:** es posible que el Intercesor reciba una palabra del Señor para la persona. Dependiendo de la dinámica de la sesión, las podrá transmitir al Facilitador por escrito, para que éste decida cuándo y cómo utilizarlas.
- **Ora que se cumplan los propósitos de Dios:** sin interrumpir la sesión, puede buscar en su Biblia o en otro libro las escrituras propicias sobre algo en especial que la persona esté tratando en ese momento. Por ejemplo, si la persona está renunciando al temor, el Intercesor puede buscar escrituras sobre el temor para usarlas en oración.
- **Está atento a las mentiras:** el Intercesor puede tomar nota de las mentiras que la persona cree sobre su identidad, especialmente las que ella misma menciona.
- **Pueden pedir palabras:** el Intercesor puede pedirle a Dios que le dé dos o tres versículos bíblicos como bendición para la persona al final de la cita.
- **Ora por el Facilitador:** que tenga fuerza, sabiduría, discernimiento y compasión durante toda la cita, sobre todo si el Facilitador te indica que se está cansando.

Anima a los intercesores de tu iglesia a orar por cada persona que vaya a tomar parte en una cita individual/ retiro de Los Pasos —la persona que busca libertad, el Facilitador, el Intercesor, los líderes de los grupos pequeños, el equipo de intercesión y los administradores.

ORACIONES ADICIONALES PARA UNA CITA INDIVIDUAL DE LOS PASOS

Hemos incluido oraciones adicionales en esta sección, algunas de las cuales no están en el libro de Los Pasos. Cubren ciertas áreas específicas y puede que te sirvan, dependiendo de cómo te dirija el Espíritu. Dios te guiará durante los Pasos, y puedes ofrecérselas a la persona por si alguna de ellas le es de provecho.

Puedes imprimirlas en formato PDF para compartirlas con la persona, el Facilitador o el Intercesor.

Hemos incluido:

- **Evaluemos nuestras prioridades,** que nos da una visión general de lo que más nos importa y funciona bien como un añadido al Paso 1.

- **Libertad de la masonería.** La masonería es una organización oculta pero poderosa. Aunque es un tema muy amplio, esta declaración cubre las principales creencias de los masones. Se puede utilizar en cualquier momento de los Pasos si la persona menciona que un miembro de la familia era masón. A menudo ignoramos que la masonería está en nuestra familia debido al secretismo, por lo que necesitamos pedir al Espíritu Santo que nos lo revele. Recomendamos su uso en una cita individual de los Pasos, no en un retiro. Puede abrir asuntos que se contienen óptimamente con la presencia de un Facilitador y un Intercesor.

- **El pacto de los vencedores** es una declaración maravillosa para quienes se enfrentan a la adicción o la depresión.

- **Rompo maldiciones** de toda esclavitud demoníaca a nuestro padre, madre, abuelos, o cualquier persona que nos haya dominado o controlado, o toda atadura de enfermedad física o mental heredada.

- **Ya no soy huérfano,** de la segunda sesión de Claves para una vida saludable, plena y fructífera.

ORACIÓN ADICIONAL PARA EL PASO 1: EVALUEMOS NUESTRAS PRIORIDADES

Fuimos creados para adorar al Dios vivo y verdadero. El Padre busca a aquellos que le adoren en espíritu y en verdad. El apóstol Juan dice: «Queridos hijos, aléjense de todo lo que pueda ocupar el lugar de Dios en el corazón» (1 Juan 5:21). Un ídolo es un dios falso, un objeto de adoración que no es el Dios verdadero. Aunque no nos inclinemos ante estatuas, es fácil que las personas y las cosas de este mundo se vuelvan «sutilmente» más importantes para nosotros que nuestra relación con Dios. La siguiente oración expresa el compromiso de un corazón que elige adorar al Señor y servirle solamente a él (Mt 4:10 NVI).

Querido Señor, sé cuán fácil es permitir que otras cosas y otras personas sean más importantes para mí que tú. También sé que esto te ofende, ya que tú has ordenado que no tenga otros dioses delante de ti. Te confieso que no te he amado con todo mi corazón, alma y mente. Como resultado, he pecado contra ti, violando el primer y mayor mandamiento. Me arrepiento y me alejo de esa idolatría y ahora decido volver a ti, Señor Jesús, como mi primer amor. Por favor, revela a mi mente todos y cada uno de los ídolos en mi vida. Elijo renunciar a todo ídolo que le da a Satanás derecho en mi vida. En el nombre de Jesús, el Dios verdadero, Amén.

La siguiente lista puede ayudarte a reconocer aquellas cosas o personas que se han vuelto más importantes para ti que el Dios verdadero, Jesucristo. Ten en cuenta que la mayoría (si no todas) de las áreas enumeradas a continuación no son malas en sí mismas; se convierten en ídolos cuando ocupan el lugar que le corresponde a Dios como Señor de nuestra vida.

- Ambición
- Dinero/posesiones
- Seguridad financiera
- Actividades de iglesia
- Deporte o condición física
- Ministerio
- Trabajo
- Amigos
- Popularidad/ el qué dirán
- Hobbies/ pasatiempos
- Alimentos o sustancias
- Ordenadores/juegos/software
- Estrellas/ famosos/ atletas
- Televisión, cine, música y redes sociales
- Diversión/ placer
- Apariencia/ imagen
- Activismo
- Poder/ control
- Conocimiento/ tener la razón
- Esposo/ enamorado/ novio/ hijos/ padres

Utiliza la siguiente oración para renunciar a toda área de idolatría o prioridad equivocada:

Señor, confieso que _____ [persona o cosa] se ha vuelto más importante que tú y renuncio a esa falsa adoración. Elijo adorarte sólo a ti, Señor. Por favor, Padre, permíteme mantener esta área de _____ [nombra el ídolo] en su lugar apropiado en mi vida. En el nombre de Jesús. Amén

LIBERTAD DE LA MASONERÍA

RENUNCIO LO QUE ENSEÑA LA MASONERÍA:

PROCLAMO Y ACEPTO LA VERDAD DE LA BIBLIA:

RENUNCIO LO QUE ENSEÑA LA MASONERÍA:	PROCLAMO Y ACEPTO LA VERDAD DE LA BIBLIA:
1. Toda persona, ya sea budista, cristiana, musulmana o hinduista puede adorar a su deidad, el «Gran Arquitecto del Universo», sin controversia.	Sólo a través de Jesucristo se puede adorar Dios. (Juan 14:6; 1 Timoteo 2:5; 1 Juan 2:22, 23)
2. Se niega a reconocer la divinidad exclusiva de Jesucristo, de que él murió por nuestros pecados y resucitó de entre los muertos.	Jesucristo es verdaderamente Dios Todopoderoso hecho carne, que murió por nuestros pecados y resucitó. (Juan 1:1-14; Colosenses 1:15, 2:9; 1 Corintios 15:4)
3. Niega el carácter único e infalible de la Santa Biblia como palabra de Dios, y afirma que no es ni mejor ni peor que los demás libros sagrados.	La Biblia es verdaderamente la palabra inspirada por Dios. (2 Timoteo 3:16; Mateo 5:18; 1 Pedro 1:25; Salmo 119; 89; 12:6-7: 19:7,8)
4. Declara que el hombre puede salvarse por sus propios méritos sin fe en el sacrificio de Jesús en la cruz.	Sólo puedo ser salvo por gracia, mediante la fe en Cristo. (Romanos 10:9; Efesios 2:8, 9)
5. Blasfema el nombre de Dios al asociarlo con dioses paganos de la fertilidad, como Baal.	Afirma la absoluta santidad y majestad del nombre de Dios. (Éxodo 20:2-7; Deuteronomio 6:4,5; Salmo 8:1, 29:2)
6. Se niega a advertir a sus miembros sobre el peligro de un infierno eterno.	Advierte con insistencia y urgencia sobre el peligro de la condenación. (Mateo 13:49,50; 25: 31-46; 2 Tesalonicenses 1:7-9)
7. Exige juramento sobre una Biblia en el nombre de Dios - juramentos que implican mutilación y homicidio.	Prohíbe jurar, tomar el nombre de Dios en vano y cometer homicidio. (Mateo 5:34-37; Santiago 5:12; Éxodo 20:7,13)
8. Une a los miembros masones en solemne esclavitud espiritual unos con otros, independientemente de sus creencias religiosas.	Me prohíbe estar en yugo desigual con los incrédulos. (2 Corintios 6:14-17; Apocalipsis 18:1-4)
9. Prohíbe a un masón cristiano dar testimonio de Jesucristo a sus compañeros miembros de la logia.	Mi responsabilidad en el mandato de Jesús es predicar el evangelio a todos. (Mateo 28:19; Marcos 16:15)
10. Su único objetivo es mejorar al hombre natural.	Soy una nueva criatura en Cristo y todo mi ser está siendo transformado al confiar en el poder transformador del Espíritu Santo de Dios. (1 Corintios 2:14; 5:17; Colosenses 2:8; 2 Pedro 3:16)
11. Insiste en mantener ocultas sus «valiosas verdades» bajo un grave juramento secreto y sólo ponerlas a disposición de unos pocos.	No permite el secretismo. (Mateo 10:26, 27: Juan 18:20; Hechos 26:26)
12. Exige que sus miembros se dirijan a sus líderes con títulos como «Venerable Maestro» y que se arrodillen ante ellos.	Me ordena no llamar maestro a nadie salvo a Jesús y no adorar a nadie, sólo a Dios. (Mateo 6:24; 23:8-10; Hechos 10:25, 26; Apocalipsis 22:8,9)

Por lo tanto, yo, _____, como humilde siervo de Jesucristo, me planto en contra del culto de la masonería. En el nombre y en la autoridad de mi Señor Jesucristo, rompo y renuncio a todo voto, juramento, pacto y maldición que yo haya hecho u otros hayan hecho por mí o por mi familia. Aquí y ahora elijo amar y servir al Dios viviente.

EL PACTO DE LOS VENCEDORES EN CRISTO

Pongo toda mi confianza en ti Señor y no me apoyo en la carne. Me declaro totalmente dependiente de ti.

Sé que no puedo salvarme a mí mismo, ni liberarme con mi propio esfuerzo y recursos. Sé que sin ti no puedo hacer nada.

Sé que el objetivo de toda tentación es que viva independientemente de ti, pero que tú me das una salida.

Elijo consciente e intencionalmente someterme a ti y resistir al diablo al negarme a mí mismo, tomar mi cruz cada día y seguir a Jesús.

Elijo humillarme ante tu poderosa mano para que tú me exaltes en el momento oportuno.

Declaro la verdad de que estoy muerto al pecado, liberado de él, y vivo para Dios en Cristo Jesús, porque he muerto con Cristo y he resucitado con él.

Con gusto acepto la verdad de que ahora soy tu hijo, amado y aceptado incondicionalmente.

Rechazo la mentira de que tengo que ganarme la aceptación y rechazo la identidad pecaminosa que me dio el mundo.

Sé que lo que hago no que determina quién soy, más bien quién soy determina lo que hago.

Declaro que el pecado ya no será mi amo porque no estoy bajo la ley, sino bajo la gracia; y ya no hay culpa ni condenación porque estoy espiritualmente vivo en Cristo Jesús.

Renuncio a todo uso pecaminoso de mi cuerpo, y me comprometo a no conformarme al mundo, sino a ser transformado mediante la renovación de mi mente.

Elijo creer la verdad y caminar en ella, independientemente de mis sentimientos o circunstancias.

Me comprometo a llevar todo pensamiento a la obediencia a Cristo. Elijo pensar en lo que es verdadero, digno de honra, justo, puro y hermoso.

No me limitaré a velar por mis intereses personales, sino también por los de los demás. Sé que es más bendecido dar que recibir.

Decido adoptar la actitud de Cristo, que consiste en no hacer nada por egoísmo o vanidad, más bien, con humildad de espíritu, consideraré a los demás como superiores a mí.

Me comprometo a tu gran propósito para mi vida: conformarme a tu semejanza. Sé que enfrentaré muchas pruebas, pero tú me has dado la victoria. No soy víctima, sino vencedor en Cristo.

ROMPO MALDICIONES

Padre, en el nombre de Jesús, vengo a ti sinceramente con el deseo de ser libre de toda maldición y sus consecuencias.

Jesús, gracias por salvarme y limpiar mí pecado en la cruz. Confieso con mi boca que te pertenezco. El diablo no tiene poder sobre mí porque tu preciosa sangre me limpia y me cubre. Ahora confieso todos mis pecados, conocidos y desconocidos y me arrepiento de ellos en el nombre de Jesús. Gracias por tu perdón.

Confieso los pecados de todos mis antepasados. En el nombre y por la sangre de Jesucristo, rompo y renuncio al poder de cada maldición demoníaca que me fue transmitida por los pecados y acciones de otros.

En el nombre de Jesús rompo el poder y el dominio de toda maldición que vino sobre mí a través de mis pecados y los pecados de mis antepasados.

En el nombre de Jesús rompo el poder y el dominio de toda maldición que vino sobre mí por palabras emitidas.

En el nombre de Jesús rompo el poder y el dominio de toda maldición que vino sobre mí a través de la desobediencia - mía o de mis antepasados.

En el nombre de Jesús renuncio, rompo, y me libero a mí y a mi familia de todo dominio demoníaco de mi padre, madre, abuelos, o cualquier otro ser humano, vivo o muerto, que en el pasado o en el presente ejercen dominio o control sobre mi o mi familia de manera contraria a las Escrituras y a la voluntad de Dios.

En el nombre de Jesús yo renuncio, rompo, y me libero a mí y a mi familia de toda herencia de brujería, fortaleza demoníaca, poder psíquico, esclavitud, atadura de enfermedad física o mental heredada, o maldición sobre mí o sobre mi línea familiar como resultado de pecados, transgresiones, iniquidades, ocultismo o actividad psíquica de cualquier miembro de mi línea familiar, vivo o muerto.

En el nombre de Jesús, rompo y anulo todo reclamo de posesión o terreno que el enemigo considera suyo por derecho. Satanás ya no tiene el derecho de acosar a mi línea familiar mediante maldiciones. Por la sangre de Jesucristo - soy libre. Gracias, Jesús, por hacerme libre.

Declaro que mi cuerpo, alma y espíritu son la morada del Espíritu de Dios. He sido redimido, limpiado, santificado y justificado en la sangre de Jesús. Por tanto, Satanás y sus demonios no tienen control o poder alguno sobre mí. Se basa en una oración escrita inicialmente por la Sra. Buena Sorrell

¡Gracias Jesús por liberarme!

YA NO SOY HUÉRFANO

Al haber nacido sin la conexión con Dios como Padre que siempre debimos tener, pasamos gran parte de nuestra vida como huérfanos espirituales – inseguros, en constante búsqueda de amor y aceptación. Escucha la fuerza de este asombroso versículo: «Pues Dios hizo que Cristo, quien nunca pecó, fuera la ofrenda por nuestro pecado, para que nosotros pudiéramos estar en una relación correcta con Dios por medio de Cristo». (2 Corintios 5:21). Pero si seguimos creyendo los mensajes del mundo o si nos evaluamos por nuestras experiencias pasadas o nuestros fracasos presentes, seguiremos viviendo como huérfanos. La verdad por sí sola no te hace libre - Jesús dijo que lo que importa es conocer la verdad. Esta es una hermosa declaración de la verdad:

«Dios Padre, gracias porque no me dejaste huérfano, sino que ahora puedo clamar, "Abba, Padre"».

Renuncio a creer la mentira que dice que soy huérfano y elijo creer la verdad de que he nacido en tu familia y ahora soy tu hijo amado.

Renuncio a creer la mentira que dice que, para que tú me ames, tengo que complacerte, y elijo creer la verdad de que tú me amas tal como soy porque tú eres amor.

Renuncio a creer la mentira que dice que tengo que esforzarme para obtener tu atención y elijo creer la verdad de que tú siempre me prestas toda tu atención.

Renuncio a creer la mentira que dice que si no hago las cosas bien tú me rechazarás y elijo creer la verdad de que tú me aceptas completamente incluso cuando fracaso.

Renuncio a creer la mentira que dice que tengo que proveer para mis necesidades y elijo creer la verdad de que tú prometes darme todo lo que necesito.

Renuncio a creer la mentira que dice que sólo puedo confiar en mí mismo y elijo creer la verdad de que tú prometes ayudarme y puedo confiar plenamente en ti.

Renuncio a creer la mentira que dice que nadie me conoce ni se preocupa por mí y elijo creer la verdad de que tú me conocías antes de la creación del mundo y que Jesús habría muerto por mí incluso si yo hubiera sido la única persona que lo necesitaba.

Renuncio a creer la mentira que dice que tengo que compararme con los demás y elijo creer la verdad de que soy único y que tú me valoras y me amas por quien soy.

Renuncio a hablar mal de mí mismo y elijo hablar de mí de la misma manera que tú lo haces.

Renuncio a creer la mentira que dice que merezco castigo o enfermedad y elijo creer la verdad de que Jesús tomó todo el castigo que yo merecía.

Declaro que quiero llevar una vida sana, plena y fructífera y que, por tu gracia, eso haré. Amén.

DE LA LIBERTAD PERSONAL A UNA COMUNIDAD FRUCTÍFERA

El propósito de hacer un curso de Libertad en Cristo es ayudarnos a convertirnos en la persona que Dios diseñó, y hacer todo aquello que él ha preparado de antemano. No se trata únicamente de lograr la libertad personal y completar un curso, se trata de un peregrinaje de discipulado de toda la vida para dar cada vez más fruto. Nuestros principios de formación y capacitación establecen una base sólida para el futuro cuando se asimilan profundamente en una iglesia.

Una iglesia con discípulos de Jesús maduros y fructíferos será una iglesia que impacta la comunidad donde Dios la ha plantado. Cuando los discípulos caminan en libertad personal, la iglesia se parece mucho más a la hermosa novia de Cristo que él anhela - cuyo fruto es un impacto cada vez mayor en nuestras comunidades.

Puedes utilizar las oraciones y bendiciones de las páginas siguientes para fundar, cimentar y rodear en oración todas las obras maravillosas que Dios ha preparado para ti.

«A medida que la gracia de Dios alcance a más y más personas, habrá abundante acción de gracias, y Dios recibirá más y más gloria». (2 Corintios 4:15)

«Pues somos la obra maestra de Dios. Él nos creó de nuevo en Cristo Jesús, a fin de que hagamos las cosas buenas que preparó para nosotros tiempo atrás». (Efesios 2:10)

«Alegrémonos y llenémonos de gozo y démosle honor a él, porque el tiempo ha llegado para la boda del Cordero, y su novia se ha preparado».

(Apocalipsis 19:7)

BENDICE TU PUEBLO, CIUDAD O MUNICIPIO

En el poderoso nombre de Jesús, te bendecimos _____ [tu pueblo, ciudad o municipio] para que prosperes bajo la poderosa mano de Dios.

Te bendecimos para que la justicia y la rectitud ocupen el lugar que les corresponde dentro de tus fronteras. Te bendecimos para que el favor del Señor esté sobre ti y te dé paz.

Bendecimos a tus pobres para que sean enaltecidos.

Te bendecimos para que el conocimiento de Jesús te llene como el agua cubre el mar.

Te bendecimos para que la compasión del Padre se derrame sobre su pueblo para que se levante con autoridad de siervo y se convierta en un pueblo de bendición.

Bendecimos a cada iglesia de nuestro pueblo/ciudad/municipio: _____, _____ [menciona las que conozcas] en el nombre de Jesús para que el Espíritu Santo y la palabra de Dios fluyan de ti con poder.

Bendecimos el corazón de todos los que viven y trabajan en este pueblo/ciudad/municipio y sus alrededores, para que las bendiciones de la presencia del reino de Dios rebosen y se derramen sobre ustedes.

Te bendecimos para que el gozo del Señor sea tu fortaleza.

Roy Godwin

UNA BENDICIÓN DEL SALMO 91

En el poderoso nombre de Jesús te bendigo para que habites en el abrigo de Dios y conozcas su protección sobre tu vida.

Te bendigo para que descanses en su presencia, para que sepas que él es tu refugio y fortaleza y que puedes confiar plenamente en él.

Te bendigo con su poder salvador contra todo ataque del enemigo y para que experimentes salud plena.

Te bendigo para que el Señor te esconda bajo sus alas, como una gallina junta a sus polluelos, y conozcas la plenitud de su fidelidad; pues él es tu escudo y tu defensa.

Te bendigo para que seas libre del miedo, ya que su perfecto amor echa fuera el temor, que su paz te rodee durante el día y la noche; que la enfermedad y las pruebas del enemigo no sean tu porción.

Te bendigo para que te mantengas firme y veas la salvación y justificación del Señor.

Te bendigo con la cobertura del Señor, tu Dios, confiando que él te protegerá de todo mal; que el desastre no te sobrevendrá.

Te bendigo con la seguridad de que sus ángeles están contigo, para protegerte en todos tus caminos y levantarte en sus manos cuando estés en peligro.

Te bendigo con el conocimiento de tu autoridad en Cristo sobre el diablo y que él es un enemigo derrotado.

Te bendigo con la capacidad de amar más el Señor, que él te rescate y te proteja. Que cuando lo invoques, él te responda, y que sepas que él siempre está contigo en tiempos de angustia.

Te bendigo para que conozcas la liberación del Señor y su amor por ti, y que tengas larga vida y salvación.

Jill Gower

DECLARACIÓN DE HUMILDAD Y UNIDAD

Señor Jesús, nos unimos en tu oración al Padre pidiéndote que tus hijos sean uno - porque, como tú, quiero que el mundo crea que el Padre te envió. Tú has dicho en tu palabra que donde hay unidad, tú mandas bendición y queremos que esa bendición llegue con toda su fuerza.

Así como tú - el gran Rey de Reyes - te rebajaste voluntariamente y tomaste la forma de siervo, te humillaste y agonizaste en la cruz, decidimos renunciar a nuestras pretensiones de ser justos en nuestras fuerzas y nos humillamos ante ti. Lo importante eres tú, Señor, y tu Reino, no nosotros.

Elegimos también humillarnos ante nuestros hermanos en Cristo y acercarnos a ellos no sólo con verdad, sino con gracia, del mismo modo que tú te acercas a nosotros. Elegimos considerar a los demás como superiores a nosotros mismos y poner sus intereses por encima de los nuestros.

Reconocemos que, sin amor sincero, lo que hacemos no es más que un ruido molesto. Aunque nuestra doctrina y tradición cristianas sean correctas al cien por cien, sin amor no valen nada.

Señor, anhelamos mantener la unidad del Espíritu en el vínculo de la paz. Por eso te pedimos que nos llenes de nuevo del Espíritu Santo y nos guíes en el camino del amor.

Elegimos ser personas que buscan la paz y no los errores de los demás. Escojo las relaciones por encima de las reglas. Elijo el amor por encima de la ley. Escojo ser genuino y auténtico por encima de tener la razón.

Oramos todo esto en el nombre de Jesús, manso y humilde, a quien Dios exaltó hasta lo sumo y le dio el nombre que es sobre todo nombre.

Amén.

Sesión 5 del Curso de la Gracia

«¡Qué maravilloso y agradable es cuando los hermanos conviven en armonía! Pues la armonía es tan preciosa como el aceite de la unción que se derramó sobre la cabeza de Aarón, que corrió por su barba hasta llegar al borde de su túnica. La armonía es tan refrescante como el rocío del monte Hermón que cae sobre las montañas de Sión. Y allí el Señor ha pronunciado su bendición, incluso la vida eterna». (Salmo 133)

MIS NOTAS DE ORACIÓN PRIVADA

Al orar,
¿Qué me estás
diciendo, Señor?

CÓMO CULTIVAR UN ESTILO DE VIDA DE ORACIÓN

Dios desea nuestro corazón, nuestra entrega, nuestro tiempo, nuestra atención, nuestra devoción. Orar no es algo que hacemos sin más; es algo que podemos vivir, donde encontramos misericordia y gracia, y donde podemos aprender a movernos a lo largo del día al ritmo de la gracia.

Muchos sentimos que no tenemos tiempo para orar, y sin embargo estamos sobrecargados y agobiados en nuestra vida diaria. O tal vez tenemos un «cubículo de oración». Oramos por la mañana, o tal vez por la tarde, o durante las comidas, o simplemente en las reuniones de oración.

Una vez leí que la oración es un estilo de vida, no una línea de emergencia. De hecho, la expresión «estilo de vida» se define como «la forma en que uno vive».

La Biblia en inglés «The Message» traduce del siguiente modo Mateo 11: 28-30 —donde Jesús nos invita a venir y aprender de él:

«¿Están cansados? ¿Exhaustos? ¿Hartos de religión? Vengan a mí. Vengan conmigo y recuperarán su vida. Yo les mostraré cómo descansar de verdad. Caminen y trabajen conmigo —observen cómo lo hago. Aprendan los ritmos espontáneos de la gracia. No les pondré cargas pesadas o molestas. Quédense conmigo y aprenderán a vivir con ligereza y libertad».

Es una descripción preciosa que resume lo que puede ser para nosotros un estilo de vida de oración.

En casa tengo una silla amarilla en una habitación soleada que he designado como mi silla de oración. Me es de provecho tener un lugar apartado para la oración, aunque también converso con Dios a lo largo del día. Está al fondo de mi casa, donde no hay televisión ni otras distracciones. ¿Hay algún lugar que podrías apartar de manera especial para orar?

A veces no sabemos cómo orar por ciertas situaciones, y en esos momentos me reconfortan las palabras de Romanos 8:26: «Además, el Espíritu Santo nos ayuda en nuestra debilidad. Por ejemplo, nosotros no sabemos qué quiere Dios que le pidamos en oración, pero el Espíritu Santo ora por nosotros con gemidos que no pueden expresarse con palabras».

Un intercesor amigo mío a menudo se pone a orar en medio de nuestra conversación. Me encanta, porque para él es algo muy natural y, por supuesto, Jesús está presente en todas nuestras conversaciones.

«Nunca dejen de orar».

(1 Tesalonicenses 5:17)

JESÚS Y LA ORACIÓN

Sobra decir que nuestro mejor modelo de la oración como estilo de vida es Jesús. ¿No es increíble que fuera tan importante para él, a pesar de ser el Hijo de Dios? ¿Cómo vivía Jesús la oración?

• Oraba con regularidad (Lucas 5:16)

• Oraba por los demás (Mateo 19:13)

• Oraba con los demás (Lucas 9:28)

• Oraba a solas (Lucas 5:16)

• Enseñó a perseverar en la oración (Lucas 18:1)

• Oró cuando fue bautizado (Lucas 3:21)

• Pasó la noche orando antes de elegir a los doce discípulos (Lucas 6:12)

• Oró con acción de gracias cuando alimentó a los 5000 (Lucas 9:16)

• Estaba orando cuando se transfiguró (Lucas 9:29)

• Oró espontáneamente cuando los discípulos regresaron de un viaje (Lucas 10:21)

Hay muchos más ejemplos. Imagínate lo que aprendieron los discípulos sobre la importancia de la oración al ver a Jesús orar, incluso cuando colgaba en la cruz. Lo que habían visto anteriormente en el trajín del ministerio y lo que le habían oído decir cuando le pidieron que les enseñara a orar se mantuvo constante hasta el final de su vida en la tierra.

¡Jesús sigue orando por nosotros en el cielo! (Hebreos 7:25).

¿No es asombroso?

PRACTICAR EL HÁBITO DE LA ORACIÓN

- Habla con Jesús ahora mismo. ¿Está intentando llamar tu atención? ¿Qué te está diciendo?

- Vivimos en un mundo lleno de ruido y distracciones. Tanto si amas el silencio como si lo odias, cuando practicamos la quietud hallamos maravillosa paz y conexión con Dios. ¿Cómo vas a tomar el tiempo para ello?

- Conversa con el Señor sobre la calidad de tu oración, sabiendo que él está a tu favor, no en tu contra, ¡sea cual sea la calidad!

- Piensa en el ritmo en el que conduces tu vida. ¿Hay algo que puedes hacer para ajustar ese ritmo de modo que la oración pase al primer plano?

- ¿Por qué acudimos a la oración como último recurso y no en primera instancia?

- ¿Cuáles son tus mayores obstáculos para la oración y qué puedes hacer al respecto?

- ¿Acaso la oración marca alguna diferencia en tu ministerio?

- ¿Qué pasos vas a tomar para permitirte tiempos extendidos de oración con tu Señor?

«El recompensa a quienes lo buscan».

(Hebreos 11:6 NVI)

CONSEJOS PARA QUE LA ORACIÓN SEA FRUCTÍFERA

Alaba a Dios por quien es y por el privilegio de participar en el mismo ministerio que el Señor Jesús (Hebreos 7:25).

Asegúrate de que tu corazón esté limpio ante Dios; dale tiempo al Espíritu Santo, en caso de que haya algún pecado sin confesar (Salmo 66:18; Salmo 139:23-24).

Reconoce que no puedes orar sin la dirección del Espíritu Santo (Romanos 8:26).

Pídele a Dios que te llene de su Espíritu, recíbelo por fe y dale gracias (Efesios 5:18).

Enfréntate sin piedad al enemigo en el todopoderoso nombre del Señor Jesucristo y con la espada del Espíritu - la palabra de Dios (Santiago 4:7).

Muere a tus propias ideas, deseos y cargas por lo que te gustaría orar (Proverbios 3:5-6 y 28:26; Isaías 55:8).

Alaba a Dios en fe por lo que hará, de acuerdo con su carácter. Espera ante Dios con expectativa, atento a su dirección (Salmo 62:5; Miqueas 7:7; Salmo 81-11-13).

En obediencia, humildad y fe, comparte lo que Dios trae a tu mente (Juan 10:27).

Con expectativa, pídele dirección (Salmo 32:8). Ten a la mano tu Biblia, por si Dios quiere darte dirección o confirmación (Salmo 119:105).

No avances hasta que le hayas dado tiempo a Dios para hablar, especialmente cuando ores en grupo. Termina alabándole y dándole gracias por lo que ha hecho, recordando siempre «Porque todas las cosas proceden de él, y existen por él y para él. ¡A él sea la gloria por siempre! Amén». (Romanos 11:36)

Adaptación de un escrito por Joy Dawson, con permiso.

ORACIONES, BENDICIONES Y DECLARACIONES

ORACIONES

Empezamos con Jesús. Él ya nos ha dado herramientas que podemos utilizar. El Padre Nuestro fue el modelo para sus discípulos. Jesús dijo: «Así es como deben orar». (Mateo 6:9-13) Él comienza con «Padre nuestro». Somos parte de una familia. La oración se dirige a nuestro Padre celestial. La oración no es un ritual que requiere cerrar los ojos y poner cara de santos. No tenemos que arrodillarnos ni sentarnos, podemos orar mientras caminamos, conducimos o trabajamos. Dios responde a un grito de ayuda en medio de una tarde atareada, al igual que responde a un tiempo intencional de oración por la mañana después de leer la Biblia.

Orar no tiene que ser complicado. Dios se deleita en cualquier palabra sencilla que le ofrezcamos.

BENDICIONES

La Biblia habla mucho acerca de ser parte del sacerdocio en la familia de Dios. Como parte del sacerdocio podemos entrar en su presencia, llevar su presencia y pronunciar bendición en el nombre de Jesús.

Roy Godwin dice que Dios anhela despertar el ministerio de la bendición. Ya sea en nuestro hogar, en nuestro lugar de trabajo o en nuestra red de relaciones. Podemos captar el deseo de Dios para las personas y pedirle que irrumpa en cualquier situación. Podemos hablar con la autoridad de Jesús y declarar bendición sobre esas áreas. Podemos decir «Te bendigo en el nombre de Jesús para que él venga sobre ti y actúe a tu favor».

DECLARACIONES

La palabra «declarar» viene del hebreo achvah, que significa «dar a conocer» o «exponer detalles e información». En el sentido espiritual, las declaraciones las pronunciamos en voz alta al mundo espiritual, dando a conocer lo que ya poseemos. Podemos declarar nuestra justicia, nuestra salvación, nuestra victoria eterna y nuestra amistad con Dios. Una declaración simplemente reconoce algo «que es». Estamos sujetos a los decretos de Dios, Dios no está sujeto a los nuestros. La clave es estar en línea con sus decretos. El propósito no es conseguir que Dios haga lo que queremos, sino alinear nuestra voluntad con lo que Dios ha hecho y con lo que él dice en la Biblia. Las declaraciones sirven para tomar autoridad sobre el reino espiritual y decirle al enemigo «¡No, de ninguna manera!».

ESPERAR EN DIOS

Antes de orar, podemos sentarnos o inclinarnos en silencio ante Dios, simplemente para recordar quién es él, cuán cerca está y cuán seguros podemos estar de su ayuda. Es precioso aprender a estar quietos ante él y permitir que su Espíritu descienda sobre nosotros. Podemos esperar en él como nuestro Dios vivo que se fija en nosotros y a quien le importamos profundamente.

En el Salmo 25:4-5 leemos: «Muéstrame la senda correcta, oh Señor; señálame el camino que debo seguir. Guíame con tu verdad y enséñame, porque tú eres el Dios que me salva. Todo el día pongo en ti mi esperanza».

Hay muchos más pasajes que nos animan a esperar en el Señor, para tener valor, ayuda en las pruebas, integridad y fortaleza. Él es nuestro escudo y defensa contra todo peligro.

Él anhela comunicar su bondad, su bendición y sus deseos. Cada vez que esperemos en él, lo encontraremos ahí, esperándonos.

Aunque creamos que conocemos y confiamos en el poder de Dios para lo que viene, puede que nos perdamos algo por no esperar en él. «Espero en silencio delante de Dios, porque de él proviene mi victoria. Solo él es mi roca y mi salvación, mi fortaleza donde jamás seré sacudido». (Salmo 62:1-2)

Muchos estamos sumamente ocupados con nuestro trabajo, nuestras iglesias, nuestros cursos y nuestras vidas llenas de actividad (como Marta en Lucas 10: 38-42), lo que incrementa la importancia de esperar en él, de estar quietos y saber con certeza que él es Dios.

En su libro Esperando en Dios Andrew Murray sugiere que esperar en Dios en nombre de su Iglesia y de su pueblo dependerá del lugar que esa espera haya ocupado en nuestra vida personal. ¡Desafiante!

«Quédate quieto en la presencia del Señor, y espera con paciencia a que él actúe».

(Salmo 37:7a)

MIS NOTAS DE ORACIÓN PRIVADA

Al orar,
¿Qué me estás
diciendo, Señor?

GUERRA ESPIRITUAL

La oración es un arma poderosa en la batalla entre el Reino de la luz y el reino de las tinieblas. Tenemos un enemigo poderoso, ¡pero Jesús lo derrotó en la cruz!

Sin embargo, sigue activo en este mundo, y se nos advierte que no ignoremos sus maquinaciones (2 Corintios 2: 11 NVI). Nuestras oraciones lo hacen temblar, así que, si puede lograr que no oremos, lo hará. Si puede hacer algo para separarnos de nuestro Padre, lo hará. Si puede lograr que estés sumamente atareado al prepararte para tu curso, lo hará. Sin duda, todo ministerio que encienda la luz debe esperar oposición.

No obstante, tenemos todo lo que necesitamos para plantarnos firmes con la armadura que Dios ha provisto para resistir sus ataques.

«De esa manera, desarmó a los gobernantes y a las autoridades espirituales. Los avergonzó públicamente con su victoria sobre ellos en la cruz».

(Colosenses 2:15)

A menudo hay oposición espiritual importante en torno a los Pasos hacia la Libertad. Cuando guíes a las personas por los Pasos, recuérdales que el diablo nunca es el centro de atención. Satanás puede haber ganado el derecho de influir en ellos debido al terreno que le han cedido, o al trauma que sufrieron que les hizo creer mentiras sobre sí mismos, Dios o el mundo. Pero el diablo nunca es el centro de atención - Jesús lo es. Neil Anderson, Fundador de *Libertad en Cristo*, escribe:

«Ayudar a los cristianos a consolidarse, vivos y libres en Cristo mediante el arrepentimiento genuino y la fe en Dios ha sido la motivación de *Libertad en Cristo* desde sus inicios. Junto a muchos otros, participamos en la batalla por las almas de la humanidad, una guerra espiritual invisible que enfrenta al reino de las tinieblas contra el reino del amado Hijo de Dios. Muchos cristianos son como guerreros con los ojos vendados que no reconocen a su enemigo, por lo que se atacan a sí mismos y unos a otros. Cuando por fe elegiste que tu nombre fuera escrito en el libro de la vida del Cordero, te alistaste en el ejército eterno de Dios, y puedes ganar la guerra en la que estás metido.

La verdad es que Dios es omnipotente, omnipresente, bondadoso y amoroso en todos sus caminos. Satanás es un enemigo derrotado, y estamos vivos en Cristo, sentados con él en los lugares celestiales.

Durante *los Pasos*, la clave es no perder el control. Pero si la persona se vuelve catatónica (agitada, confusa o inquieta, parece estar aturdida o atontada o no responde), podemos decir "Satanás, no tienes autoridad aquí. Esta persona ha entregado su corazón al Señor Jesús". Ocasionalmente hace falta confrontar los demonios cuando la persona es muy débil en su fe. En ese caso ordenas a Satanás en el nombre de Jesucristo que suelte a la persona y sigue adelante. No recomiendo que intentes echar fuera los demonios, porque es prematuro. La persona aún no ha limpiado la basura, y resistir al diablo es una responsabilidad personal. Toda interferencia en una cita de los Pasos tiene la intención de intimidarnos y hacer que respondamos en temor. Perderemos el control si respondemos en temor a Satanás en lugar de con fe en Dios. Esa es su intención».

ADORACIÓN Y GUERRA ESPIRITUAL

La adoración y la guerra espiritual van de la mano: ¡no puede haber una sin la otra! Francis Frangipane, fundador de «River of Life Ministries», ha viajado por todo el mundo ministrando a miles de pastores e intercesores de muchos trasfondos. Él dice que, si somos verdaderos adoradores, nuestro espíritu rebosará adoración sea cual sea la batalla que estemos librando, y que, en la guerra espiritual, la adoración es un muro protector para nuestra alma.

Dondequiera que estemos y hagamos lo que hagamos, podemos adorar, y es crucial que comprendamos el papel de la adoración en nuestra guerra espiritual. A través de la adoración logramos una conexión íntima con Dios y liberamos su bendición. El enemigo se aferrará a todo lo que pueda - individual o colectivamente - para evitar que lleguemos al lugar de adoración que libera esas bendiciones prometidas.

Es un punto del que hace eco Chuck Pierce, en «El Guerrero Adorador»: «Dios ha estado levantando una compañía de intercesores en la tierra que le adorarán apasionadamente. Esto estabilizará la mano de la Iglesia y hará que siga avanzando».

Apocalipsis 5:8-9 contiene una poderosa imagen de arpas y copas en el cielo que nos ayudan a comprender cómo se combina la adoración con la oración en nuestra guerra espiritual. Las arpas señalan la adoración y las copas están llenas de las oraciones de los santos. Cuando las copas se llenan, se inclinan, y los ángeles liberan nuestras oraciones al reino terrenal. Esta mezcla y fusión de adoración y oración se encuentra tanto en los Salmos como en Apocalipsis. Oswald Chambers lo recoge cuando escribe: «La adoración y la intercesión deben ir juntas. Intercesión significa que nos despertamos para entrar en la mente de Cristo acerca de aquel por quien oramos».

Satanás odia nuestra adoración a Dios. Está celoso de nuestra adoración y sabe que es fuerte y eficaz. Cuando alabamos a Dios, él habita en nuestras alabanzas y su poder vence el poder del enemigo. A través de la alabanza, el Señor mismo batalla a nuestro favor para silenciar a nuestro enemigo, que merodea como león rugiente buscando a quien devorar, ¡pero Dios suelta un rugido que es muchísimo mayor que el suyo!

« Te alabaré siete veces al día ». (Salmo 119:164)

«Somos humanos, pero no hacemos la guerra como los humanos. Le hemos vencido por la sangre del Cordero y por nuestro testimonio». (2 Corintios 10:1; Apocalipsis 12:11).

Tener el enfoque correcto es clave. Dawna De Silva, en su libro «Warring with Wisdom» (Luchando con Sabiduría) escribe «Cuando creemos que el enemigo es más fuerte que Dios, luchamos desde el temor. La forma en que ganamos la guerra depende en gran medida de nuestra capacidad de quitar la vista de lo que hace el enemigo y enfocarnos en la bondad de Dios. Para crecer en tu comprensión de la guerra espiritual, quiero animarte a cultivar el hábito de adorar diariamente al Señor. Como acto de guerra, la alabanza atrae la presencia de Dios. Confunde al enemigo y prepara nuestro corazón para el rescate de Dios, te posiciona para que la bondad de Dios y su Espíritu tomen preeminencia».

Una maravillosa historia de la Biblia es una estrategia de guerra ganadora en la que Josafat no puso en primera línea a sus mejores soldados ni sus armas más potentes, sino a sus músicos y cantores (2 Crónicas 20:21-25). La estrategia ganadora del Señor no fue añadir más tropas, más bien Dios ordenó a Josafat y a sus generales que salieran a enfrentarse al enemigo porque el Señor lucharía por ellos.

En todo curso de Libertad en Cristo que dirijas, piensa cómo puedes incluir adoración. Ya sea que dirijas tu curso en línea o en persona, utiliza canciones de alabanza al principio y/o al final de la sesión. Cuando tu equipo, se reúna para orar, incluye la adoración. Una mitad del grupo puede orar mientras la otra adora. La Biblia nos muestra claramente que la adoración y la intercesión son dos caras de la misma moneda. Adorar a Dios es estar de acuerdo con quién él es, e interceder es estar de acuerdo con lo que él desea hacer. El libro de los Salmos está lleno de oraciones proféticas acompañadas de música. La oración y la adoración deben entretejerse.

«No es por el poder ni por la fuerza, sino por mi Espíritu, dice el Señor de los Ejércitos Celestiales».

(Zacarías 4:6)

EL PADRE NUESTRO

P adre nuestro que estás en los cielos, santo es tu nombre, venga a nosotros tu reino, hágase tu voluntad, así en la tierra como en el cielo. Danos hoy nuestro pan de cada día y perdona nuestras ofensas como también nosotros perdonamos a los que nos ofenden, y no nos dejes caer en la tentación, mas líbranos del mal.

PAUSA (Selah)

1-2 minutos para escuchar al Señor

Tuyo es el reino, el poder y la gloria, por los siglos de los siglos. Amén

MIS NOTAS DE ORACIÓN PRIVADA

Al orar,
¿Qué me estás
diciendo, Señor?

RECURSOS PARA LA ORACIÓN

Esperamos que el Manual de Oración de Libertad en Cristo te haya sido de provecho a la hora de establecer, ampliar o continuar tu peregrinaje de oración a nivel personal y para tu iglesia. Está diseñado para ser flexible, así que siéntete libre de traducir, adaptar, acortar o alargar las oraciones, sujetándote a las restricciones habituales de derechos de autor. Para ayudarte a compartir la sección Cómo orar por tu curso con tu equipo, esas páginas están disponibles como PDF descargables para imprimir en www.libertadencristo.org/recursos-gratuitos.

Hay muchos sitios web y recursos, a continuación te indicamos algunos que nos han sido de provecho:

LIBROS

» **How to Pray (Cómo Orar)** – Una guía sencilla para gente normal, de Pete Grieg, publicado por Hodder & Stoughton, 2019
» **How To Hear God (Cómo escuchar a Dios)** – A Simple Guide for Normal People por Pete Grieg, publicado por Hodder & Stoughton, 2022
» **Moving Mountains (Mover montañas)** – Cómo orar con pasión, confianza y autoridad, de John Eldridge, publicado por Thomas Nelson, 2017.
» **Where Prayer Becomes Real (Donde la oración se hace real)** – How Honesty with God Transforms Your Soul por Kyle Strobel y John Coe, publicado por Baker Books, 2021.
» **Standing In the Gap (De pie en la brecha)** – Understanding Intercession por Johannes Facius, publicado por Sovereign World, 2006

SITIOS WEB

» **World Prayer Centre (Centro Mundial de Oración)** – Animar y conectar a la gente de oración: www.worldprayercentre.org.uk
» **24/7 Prayer International** – Movimiento internacional interconfesional de oración, misión y justicia: www.24-7prayer.com
» **PrayerStorm** – Movimiento de adoración, oración y ayuno: www.prayerstorm.org

HERRAMIENTAS ÚTILES

» **The Word For Today** (La Palabra para Hoy) – Un devocional diario gratuito publicado por United Christian Broadcasters
» **Lectio 365** – Una aplicación de oración diaria disponible en 24-7 Prayer: www.24-7prayer.com/dailydevotional
» **The prayer Course** (El Curso de Oración) – Un viaje de 8 semanas a través del Padre Nuestro para ayudarnos a nosotros y a nuestra comunidad a crecer y profundizar en nuestra vida de oración.

«Nuestras oraciones pueden ser torpes. Nuestros intentos pueden ser débiles. Pero como el poder de la oración está en quien la escucha y no en quien la pronuncia, nuestras oraciones sí marcan una diferencia» Max Lucado

«Y estamos seguros de que él nos oye cada vez que le pedimos algo que le agrada; 15 y como sabemos que él nos oye cuando le hacemos nuestras peticiones, también sabemos que nos dará lo que le pedimos» (1 Juan 5:14-15)

«Busquen al Señor y su fuerza, búsquenlo continuamente» (1 Crónicas 16:11)

Oramos por ti, para que tu corazón se llene de alabanza y adoración al Señor Jesucristo cuando oras por tus cursos de Libertad en Cristo y luego veas las maravillas que Dios hace.

¡Disfruta del proceso!

AGRADECIMIENTOS

OBRAS CITADAS CON PERMISO

Pagina inicial - Oswald Chambers, My Utmost for His Highest, publicado primero en 1927, edición citada de 2017, Discovery House Publishers

Pagina inicial - Francis Frangipane, Stronghold of God, 1998, Charisma House

Pag. 1- Kyle Strobel & John Coe, Where Prayer Becomes Real, 2021, usado con permiso de Baker Publishing Group

Pag. 14 - David Mathis, https://www.desiringgod.org/articles/nine-profits-of-praying-with-company, 2015

Pag. 50 – Mrs. Buena Sorrell, lista de oración adaptada como una oración adicional del Paso 7 en los Pasos hacia la Libertad en Cristo

Pag. 54 - Roy Godwin, Roy Godwin Ministries, www.roygodwin.org

Pag. 55 - Jill Gower, Keep Blessing your Community, Call to Prayer, ahora conocido como Lighthouse Norwich

Pag. 62 - Joy Dawson, autora de Intercession, Thrilling and Fulfilling, YWAM Publishing

Pag. 64 - Andrew Murray, Waiting On God, publicado primero en 1895, edición citada 2015, Rickfords Hill Publishing Ltd

Pag. 67 - Neil T Anderson, Discipleship Counselling, 2003, publicado por Regal Books

Pag. 68 - Chuck D. Pierce with John Dickson, The Worship Warrior, 2002, usado con permiso de Baker Publishing Group

Pag. 68 - Oswald Chambers, My Utmost for His Highest, publicado primero en 1927, edición citada 2017, Discovery House Publishers

Pag. 69 - Dawna De Silva, Warring with Wisdom, 2020, usado con permiso de usado con permiso de Dawna De Silva

Pag. 73 - Max Lucado, https://maxlucado.com/listen/do-our-prayers-matter, 2019

FOTOS

Agradecimientos a Unsplash.com, PXhere.com, Rachel Irving y Bex Moye

Página 54 - nuestra Directora Regional, Sharon King, declarando la libertad sobre Gales en la cima del Snowdon.

www.ingramcontent.com/pod-product-compliance
Lightning Source LLC
LaVergne TN
LVHW070253090426
835508LV00049B/3458